Jacob Frey, Martin Lechler

Die Gartengesellschafft

Das andere Teil des Rollwagens

Jacob Frey, Martin Lechler

Die Gartengesellschafft
Das andere Teil des Rollwagens

ISBN/EAN: 9783337215934

Hergestellt in Europa, USA, Kanada, Australien, Japan

Cover: Foto ©Thomas Meinert / pixelio.de

Weitere Bücher finden Sie auf **www.hansebooks.com**

Die Gartengesellschafft.

Das ander theil

des Rollwagens / darinn mancherley frölich gsprech / schimpf reden / speywerck / vnnd sonst kurtzweilige schwenck vnnd bossen / von Historien vnnd Fabeln / zu finden / in Gärten / Zechen / vnnd auff dem Feld / sehr lustig zu lesen / jetzt widerumb von newem mit fleiß vbersehen / gemehrt / vnd mit schönen Figuren geziert / sampt einem ordenlichen Register.

Durch Jacobum Freyen / Stattschreibern zu Maursmünster / zusamen bracht vnd an tag geben.

Getruckt zu Franckfurt am Meyn / Anno 1565.

An den gůtigen Leser.

VOr zeitten vnnd noch / seind / freundtlicher / günstiger / lieber Leser / vil kurtzweiliger bůchlin / võ aller hand gespräche / dariñen schimpff vnd ernst bossen / gebraucht worden / die den gesellschafften jhre lange zeit vnd weil gekürtzt / vñ etwa geringert haben / außgangen / wie dann vil geschickte vnnd gelerte Månner / dieselbigen zierlich vnd wol beschrieben haben. Vnd dieweil nůn jüngst durch den Ehrnhafften / Weisen Herrn / Jörgen Wickram / Stattschreiber zů Burckhaim / meinem gůnstigen lieben herren / das Rollwagen Bůch-

lin sehr kurtzweilig / erbar vnnd lu-
stig zů lesen an tag kommen vnd ge-
macht worden / welches mir nit ein
geringen anmůt gebracht vnnd ge-
ben hat/ So dañ ich nůn mehr gar
schier/weder zů Schiff/ zů Roß/zů
Wagen noch sonst/ weite reysen zů-
thůn / tauglich oder vermöglich
bin/ sonder mein gröster lust nů für
hin in den schönen Gärten vnd kü-
len ortẽ / bey der edlen Music/ oder
sonst kurtzweiligen ehrlichen gesell-
schafften zů bleiben sein wirdt. Zů
dem dann auch solche Garten gesel
schafften/allenthalben / in Teutsch
vnnd Welschen landen / in grossen
vnnd kleinen Stedten / mit herrli-
chem/zierlichem triumph / als fech-
ten/ringen/springen/ singen/ pfeif-
fen/

sen/geigen/lauten schlagen/vnnd andern mehr Musicalischen instrumenten/darzů mit tafel schiessen/keglen/tantzen/vnd sonst allerhand kurtzweil/durch die gantze zeit des Jars auß/frölich gehalten werden. So hab ich gedacht/auch meinen theil darzů zůthůn/vnd ein kleines Büchlin/mit kurtzweiligen reden/schimpflichem gespräch vnd bossen/denselbigen allein/welche sich der obgemelten kurtzweilen/nit gebrauchen oder vermögen/oder sonst zů zeitten schwermůtig vnnd Melancolisch seind/zůsamen colligieren vñ an zůstellen/vñ mit mir in die gesellschafft zůbringen/damit dañ solche vnlustige gemůter/neben der Musica vnnd frölicheiten/mit sol-

chen schimpffreden / recreation em-
pfahen möchten / vnnd etwas erlu-
stiget/vnd geleichtert würden. Da-
rumb / so ist gütiger freundtlicher
Leser/mein günstigs bitten/ du wöl-
lest dir dieses Büchlin (die Garten-
gesellschafft genant) also gefallen
lassen / dañ ob gleichwol etwan gü-
te schwenck darinnen seind / so der
warheit vngleich / so ist doch müg-
lich/das solches oder dergleichen be-
schehen sein mag / oder noch besche-
hen möchte / Wie sich dann noch
heut bey tag etwan seltzame ding/
mit worten oder wercken / auff die
ban schicket / welches man sonst nit
geglaubt noch vermeynt hett. Dañ
es ist nit wol züuermüten/ wo kurtz-
weilige

weilige leut / vnnd die gern bey einander seind / zůsam̃en kom̃en / da locket je ein argument das ander herfür / damit die Gesellschafft dester mehr lustig vnnd leichtsinnig ist / ja das jnen ein halber tag kaum zweyer stunden lang gesehen wirt. Ich hab auch nichts / so vngeschicktliches oder vngebürliches vor Erbaren Frawen oder Jungfrawen zůreden were / hieher setzen noch anziehen wöllen / dann je Frawen vnd Jungfrawen / alle Ehre / Zucht vnnd Erbarkeit in allweg zůerbieten ist / vnnd auch erbotten werden solle. Wiewol ich aber von etlichen / doch nit vilen / die eben desselben gleichen Volcks / kleine Schimpffliche meldung / allein zů gůter warnung

nung gethan haben. Darumb ich auch gedenck / ob ich schon etwan die Geistlichen oder Weltlichen an getast / so ist es doch nůr zů schimpff / vnnd niemandt zů nachtheil oder schmaach beschehen / Man kompt doch sonst je zů zeiten mit deren glei chen weydsprüchen vnnd schertzli- chen materien / so wercklich herfür vnd gehet so glat vnnd wol ab / das man sein billich lachen / vnnd nit darumb zürnen soll. Derhalben bitte ich / das mir von niemandts nichts in argem auffgenommen / oder also gegen mir verstandē wer- de. Wer weyß es / ob ich mich auch etwan in dieser Garten geselschafft wirdt finden lassen / dann ich mich vor langen jaren darein zůschrei-

hen angeben / vnnd mit fleiß befol-
hen habe. Hiemit freundtlicher lie-
ber Leser/beware dich der All-
mechtig Gott/Amen.

Dein
allzeit
williger/

Jacob Frey/Statt-
schreiber zů Maurß-
münster.

Von einem groben Närrischen Bawren/ der wolt junge Genß außbrütlen.

IN Geblinger thal da wonet ein fast Reiche Wittfraw/ die hette einen einigen Son/ ď was einer groben vnd tollen verstandtnuß/ er was auch der aller närrischt Mensch vnder allen einwonern desselbigen thals. Der

selbig

selbig geck sahe auff ein zeit zů Sarbrucken / eins wolgeachten Herrlichen Manns tochter/die ein schöne/ wolgeachte/verstendige junckfraw was. Der narr ward jhr gleich hold/ vnnd lag der Můtter an / das sie jm dieselbe zů einer Frawen schaffen wolte/wo nit/so wolt er ofen vnnd fenster einschlagen / vnnd alle stiegen im hauß abbrechē. Die můtter wůßt vnnd sahe wol jhrs närrischen sons kopff/ vñ forcht/ weñ sie jm gleichwol vmb die jungfrawen werben liesse/ vnd jm ein groß gůt darzů gebe / so wer er doch so ein vngehobleter Esel / das nichts mit jhm außzůrichten/ oder versehen were. Wiewol aber der jungfrawen Eltern herrliche leut / vnnd von gůtem geschlecht / so waren sie doch also gar arm/das sie armůt halben die tochter jrem stand nach/ nit wůßten zůuersorgen/ derhalben diese werbung dester leichter statt gewā. Die můtter forcht nůr auch / dieweil jhr son also ein vngeschickter götz were/ das jhn villeicht die jungfraw nit wölle haben/gab jhm darum allerhand leren/damit er sich bey d̄

Braut

Braut fein hőflich zůthůn/ vnd hurtig machen kőndt. Vnnd als der klotz erstlich mit d' jungfrawē redt / da schanckt sie jm ein hüpsch par hendtschůch / auß weychem Corduwan leder gemachet. Lawel thet sie an/ zohe heim / so kompt ein grosser regen / er behielt die hendtschůch an/ galt gleich ob sie nass würden oder nicht. Wie er vber ein steg will gehn/ so glitschet er / vnd fellt ins wasser vnd kath/ betrept sich wie ein Mor. Er kompt heim / was wol besudelt/ die hendtschůch waren eytel fleisch/ klagts der Můtter. Die gůt alt Můtter schalt jhn / vnnd sagt / er solts ins fatzenetlin gewicklet / vnnd in bůsen gestossen haben. Bald darnach zeucht der gůe lőffel wider zů der Junckfrawen/ sie fragt nach den hendtschůchen/ er sagt jr/ wie es jhm mit gangen were/ sie lacht vnnd mercket das erst stuck seiner weißheit/ vnnd schanckt jhm ein Habich/ er name jn/ gieng heim / gedacht an der Můtter red/ würgt den Habich/ wicklet jhn inn sein brustthůch / vnd stieß jn in den bůsen / kam heim / wolt den hüpschen vogel der Mûter zeigen/ zohe jhn auß dem bůsen. Die Mûtter fůr jhm wider vber den kam̃/ sagt: Er solt jhn fein auff der hand getragen haben. Zům dritten mal kompt Jockel wider zů d̕ junckfrawen/ sie fragt jn/ wie es vm̃ den Habich stůnde/ er sagt jr/ wie es jm mit gangẽ was. Sie gedacht/ Er ist ein lebendiger narr/ sahe wol dz jm nichts seuberlichs noch herrlichs gebürte/ vnd schanckt jhm ein Egge/ die er brauchen solt/ wenn er geseet hette. Er nam der Mûtter wort zů hertzen/ vnnd trůg sie auff den henden embor/ wie ein anderer lôffel/ biß heim. Die Mûtter was aber vbel zůfriden/ sprach: Er solt sie an ein pferd gebunden haben/ vnd heim geschleyfft. Letztlich sahe die junckfraw das Crisam vnd tauff an jm verloren was/ dann es was weder vernunfft/ zucht noch weißheit in jm/ wûßt nicht wie sie des Narren ledig werden solt/ vnnd gab jhm ein groß stuck speck/ vnd stieß jms in den bůsen/ er was wol zůfridẽ. Er wolt heim/ vnd forcht er würde es im bůsen verlieren/ gedacht an der Mûtter reden/ nam es

auß

auß dem bůsen/ vnd bands eim Roß an den schwantz/ saß darauff/ vñ reit heim. Da lieffen die hund hinden nach/ vnnd rissen den speck dem pferd vō schwantz/ vñ frassen jn. Er kompt heim/ der speck war auch hinweg. Hindeñach sahe die můtter jhres sons weißheit/ forcht die heyrat würd nit für sich gehen/ für zů der jungfrawē Eltern/ begeret den tag der beredung zů wissen mit jhrem Son. Vnd wie sie hinweg will gehn/ befilcht sie jm ernstlich/ dz er wol haußhalt/ vnd kein groß wesen mach/ dann sie hab ein ganß vber eyern sitzē. Als nůn die můtter auß dem hauß wz/ so zeucht der son fein in dē keller/ saufft sich voll weins/ vnd verleurt den zapffen zům faß/ wie er den sůcht/ so laufft der wein aller in den keller. Der gůt vetter nimpt sein sack mit meel/ vñ schütt es in den wein/ das es die můtter nit sehe wenn sie käme/ demnach laufft er hinauff ins hauß vnd hat ein wildes geprecht/ so sitzt die ganß da/ vñ brůtlet/ die erschrickt/ vnd schreyt/ gaga/ gaga. Den narren kompt ein forcht an/ vnd meynt die Ganß het

gesagt:

gesagt: ich wils sagen / vnnd forcht sie schwetzt / wie er im keller haußgehalten / nam die Gans / vnnd hewe jhr den kopff ab. Nun forcht er / wo die Eyer auch verdürben / so wer er in Tausent lüsten / bedacht sich vnnd wolt die Eyer außbrütlen / meynet doch es würde sich nit wol schicken / dieweil er nit auch vol federn were wie die Ganß / bedacht sich bald / zeucht sich gar nackent auß / vnnd schmiert den gantzen leib zů rings vmb mit honig / den hat die Můtter erst newlich gemacht / vnnd schüttet darnach ein beth auß / vnnd walgert sich allenthalben in den federen / das er sahe wie ein hanffbutz / vnd satzte sich also vber die Gänßeyer / vnd was gar still / das er die jungen Gänß nit erschreckte. Wie Hanß Wurst also brütlet / so kompt die můtter vnd klopffet an der thüren. Lawel sitzt vber den Eyern / vnnd will kein antwort geben. Sie klopfft noch mehr / so schreyet er: Gaga / Gaga / vnnd meynet / dieweil er junge Gänß (oder Narren) brütlet / so köndte er auch kein andere spraach.

Zůletst drawet jm die Můtter so fast/ das er auß dem näst kroch/ vnnd jr auff thet. Als sie jhn sahe/ da meynt sie es were der lebendig teuffel/ fragt was das were? Er sagt jr alle ding nach der ordnung. Der Můtter was angst mit dem tippelnarren/ dann die braut solt bald nachfolgen/ vnd sagt zů jhm/ sie wolts jhm gern verzeihen/ er solt sich nůr jetzt züchtig halten/ dañ die braut kem/ das er sie fein freundtlich empfahen vnnd grüssen solte/ vnd die augen also höflich vñ fleissig in sie werffen. Der Narr saget ja/ er wolts alles thůn/ weschet die federn ab/ vnd thet sich wider an/ gehet in den stall/ vnd sticht den schaaffen allen die augen auß/ stößt sie in bůsen. So bald die braut kompt/ so gehet er jr entgegen/ wirfft jhr die augen alle/ so vil er hat/ ins angesicht/ meynt es můßt also sein. Die gůt Jungfraw schämet sich/ das er sie also beschissen vnnd verwůßt hat/ sahe des narren grobheit/ das er zu allen dingen verderbt war/ zohe wider heim/ sagt jhm ab. Also blib er ein Narr noch als vor/ vnnd brůtlet die jungen

Genß

Gänß noch auff diesen tag auß. Jch besorg aber / wenn sie außschlieffen werden / so solten es wol junge Narren sein. Gott behüt vns.

Von den Bauren die ein lebendigen Herrgott haben wolten.

DJe bauren von Wintershausen / hatten ein alten zerbrochnē Herrgott / wurden räthig / dz sie zům Bildhawer zwen auß dem Gericht schickten in der Fasten / das er jhnen

nen auff den Palmtag vnd Karwoch/ ein andern Herrgott machen wölt/ welchen sie dann fürtan in der Kirchen zůgebrauchen hetten. Die zwen gůten bidermänner kamen ghen Straßburg zů einem Bildhawer / welcher ein rechter fatzman was/sie zeigten jm jren befelch an. Da sprach er/Ob sie lieber ein lebendigen oder todten Herrgott haben wolten / so wolt er jhnen einen machen der jhnen gefiel. Der ein vnder den Bauren vermeynt / man solt die Gemeind daheim vor darumb befragen. Der ander sagt/ es were nit von nöten / allein das sie wüßten in welchē gelt ein jeder Herrgott were. Der Meister sagt: Der todt neme mehr arbeit / vnd were köstlicher dann der lebendig / darumb so were der lebendig am gelt dester geringer. Die zwen wurden räthig vnnd sagten darauff: so solt er jnen ein lebendigen Herrgott machen / wenn sie jhn heim brechten/vnd er der Gemeind nit gefiel/ oder wo er sich sonst krautig mit jhnē halten würde / so wolten sie jn gleichwol selbs todt schlagen / es were on das eben die

Marter-

Marterwoch/das er sich leiden müßte/ vnnd man seltzam mit jhm vmbgienge.

Ein Jüdin hielt vil mehr vom Tauff/ dann von der Beschneidung.

ZV Landaw wz ein schöne junge Jüdin/ derē ward eins mals durch ein frommen alten burger gerathen/ sie solte sich Tauffen lassen/ vnnd den Christen glauben annemmen/ so wolte er jr seiten son geben. Sie fragt den gůten altē Vatter/ warauff doch der Christen glauben berůhet / dann sie was zů speyen wol gelert. Der alt Chremes saget: Auff dem heiligen Tauff. Antwort die Jůdin: Wie hoch wol die Christen den Tauff hielten vnd achten/ vnd was er jnen fürstendig were? Der alt Pater antwort/ vnd sagt: O gar vil/ dann on den Tauff ist dem menschen der Himel beschlossen/ vñ verspert. Darauff sagt die Jůdin: Jch hielt auch mehr võ dem Tauff/ weder von vnser beschneidung/ dann es kan den Christen souil nit abgewäschen werden / als den Juden abgeschnitten / fürwar stůnd die sach bey vns armen weibern/ so můßte man jeglichem Juden zwey mal souil dran setzen / dañ etwas daruon schneiden. Es můssens leyder vnser vil mit gedult leiden / wir sehen aber nit dester baß zům handel/ das vns vnsere nechsten freund vnnd günner / vnsere beste vnnd liebste leibs narung berauben / deren wir darnach mit der zeit schwerlich mangeln můssen. Der fromm alte Mann befand

wol

wol dz sie sein spottet/ schwig still/ vnd zohe heim.

Von einem Schuhmacher/ der einem Bauren die füß beschneiden wolt.

EIn Baur kam zů Elsaßzabe- ren zů einem Schůmacher/ ließ jhm ein par schůch machen. Der Schůmacher hieß jhn auff ein bestimte zeit seine schůch holen. Der Baur kam darnach/ vnnd wolt seine schůch anle-

 gen/

gen/da waren sie jm viel zů klein. Er sa
he wol drein/ kondt sie aber nit anbrin-
gen. Er ward zornig vber den Schůh-
macher/ wolt die schůch nit/ balget mit
jhm/ vnnd sagt: Warumb er sie jhm nit
nach seiner füß art gemacht hett? der
schůhmacher bedacht sich bald / besicht
die füß/ vnnd spricht: Ich hab all mein
tag nie keinem menschen kein vnrecht
par schůch gemacht/ vnd die seind auch
nit vnrecht / wie du selbst sihest. Der
mangel aber mercke ich wol / der ist al-
lein an deinen füssen / die seind also vn-
gereimpt vñ knollechtig (wie du dann
one das selbs ein feins trollen Männel
bist) das die schůch nit hinůber mögen/
der sachen ist aber gůt zůthůn. Behend
vnd bald so erwůscht der Schůster ein
kneippen / vñ dem bauren vber die füß/
vnd will sie jm beschneiden / dz sie recht
in die schůch werden. So das der Baur
ersicht/so schreit er laut/vnd spricht: O
blůts willen lieber Meister / es bedarff
des beschneidens gar nichts/ můß jhme
je also geholffen sein / so laßt mich recht
also klotzechtig mit meinen füssen heim
ziehen?

ziehen/ich will euch dañocht die schůch gern vnnd wol bezalen. Also empfieng der Schůster das gelt / vnnd zohe der Baur mit seinen schůhen heim / vnnd blieben jhm die füß vnbeschnitten.

Von einem Türcken/der in der Christen Kirchen zů opffer gieng.

Vff ein zeit hât Amurates der Türckische Keyser/einen Wascha in Italiam gesandt/der Chri

 sten

sten Glauben vnnd Ceremonien / zůer-
kündigen. Vnnd als er ghen Pisa kom-
men / da ist er auff aller Heiligē tag (wel
ches ein hoher opffer tag ist) in die recht
Pfarrkirchen gangen / vñ der Christen
andacht vnd Ceremonien wol warge-
nommen. Als aber der Wascha mit sei-
nen Türcken vnnd knechten den Pfarr
herren in seiner priesterlichen kleidung
an dem Altar sicht angethon / die Meß
halten (der was ein Münch) vnnd die
pfarrkinder / jung vnd alt / alle zů opffer
gehen / da gieng der Wascha mit seinen
Türcken auch zům opffer / auff das er
die warheit erfaren köndt / was sie bey
dem Altar theten. Demnach er nůn die
weise vnd alle ding / darumb er außge-
schickt was / mit warheit wol erfaren /
zohe er widerumb in die Türckey zů sei-
nem Keyser. Als nun der Türck jhn fra-
get / was er für ein art des glaubens bey
den Christen gesehen hette? Antwort
der Wascha vnd sagt: Jch gieng zů Pi-
sa in jhre kirchen / vnd sahe ein beschor-
nen narren in Seiden vnd Sammet be-
kleidet / vor einem steinhauffen stehen /
darüber

darüber warē thůcher gespreit/der hett groß gemůrmel vnd langs gefecht mit jm selbs/ vnd thet jm niemands nichts. Da er lang also mit jhm selbs hadert/so keret er sich herumb/vnd růfft dē volck/ so lauffen die Christen all die in der kirchen waren/eilendts zů jm/ vnd bringt jhm ein jeder gelt/vnd wer jm gab/dem gab er zů lon ein lumpen / den het er an arm gebunden/zů küssen / vnd grumpt doch für vnnd für/gab niemandts kein gůt wort. Ich gieng auch herzů/bracht jhm ein ducat/ vnnd küßt den lumpen/ allein darumb/ dz ich der narheit möchte genůg zůsehen. Am letzten zeucht er ein stecken auß dem wasser / vñ schlecht vmb sich / da laufft jederman auß der kirchen/vnd lassen jhn allein darinnen/ Ich gieng auch herauß / vnd hab mich demnach also wider hieher gefügt/vnd damit jhrs glaubens genůg / dann ich merck wol / würd ich ein Christ / vnnd dieses solt jrs glaubens ein stuck sein/ich het nit gelts genůg den beschornen narren zů zůtragen. Der Türckisch Keyser gab jhm antwort / vnd sagt: Du wenst du habest ein Narren mit einem bschornen kopff gesehen / das gelt also gedultig von den leuten zůnemen / vnnd jhn dargegen den lumpen zů küssen geben / Jch sag dir warlich / das er kein Narr ist / sonder der aller witzigst gewesen / ja auch weiser weder du selbst / dann als du sagst / so hat er dich auch vmb dein gelt betrogen. Jch sage dir / es ist ein weißheit / dz sich vnterweilen einer zům Narren machen laßt / das er von anderen das gelt mit geschicklicheit (Gott geb sie leiden mangel oder nicht) bringe / deßhalben bist du ein grösserer Narr dann er / das es dir nit gefallen / vnd du auch nit weißt warumb sie es thůn / dich nit dester weniger vmb dein gelt hast bescheissen vnd betriegen lassen.

Ein Jungfraw ward zu Costentz vom Concilio eines kindlins schwanger.

ZV Costentz auff dem Concilio / da was ein Goldschmid / der hett ein schwester bey jhm / welche nůn auff

auff 13. jar alt war / vñ wiewol sie mehr malē werber gehabt / so wolt er sie doch niemands geben / auff das er nit mit jhr theilen dörffte. Nun auff dem Concilio daselbst / da straucht sie / vnnd fiel in ein heppen / ward wund / fieng an zů rogen / vnd mit eim kind zůgehn. So bald der brůder das gewar ward / erwůscht er ein bloß schwert / vnnd satzt es jhr an die brust / sie solt jm sagen wes das kind were. Die gůt Jungfraw was erschrocken / vnd sagt: Es wer ein werck vnnd geschäfft des H. Concilij / das Concilium hett jr den schaden gethon / dann sie hett im Concilio handlen lassen / vñ were also daruon schwanger worden. Als der Brůder dz vernā / kam jn ein forcht an / gedacht wo er hand an sie legte / so würde jn dz Conciliū verdam̃en / vnd so dañ das Concilium ein solch heilig ding were / das es jederman freyheit gebe / so ließ er d schwester freywillig zů / dessen so lang das weret nach jhrem willen / vnnd des Conciliums rath sich zůgebrauchen / verhofft durch diese gůtigkeit / es solte jhnen beyden an der seelen genießlich

genießlich sein / wenn aber das Concilium vergieng / so solte sie als denn wider sein wie vor / dieses würd jr des Concilij halben kein schaden bringen mögen. Diesem befelch vnd erlaubnuß hat sie hernach gelebt vnnd fleissig außgewartet.

Es wolt einer auff dem Seil gehen / vnnd fiel herab.

EJn lotters būb kā gen Franckfort in die Meß / der thet sich auß er wolt auff dem Seil gehen. Es ward jm zūgelassen / das Seil ward gespannen / wie er mit den füssen drauff tritt / so fählet jm der tritt / fallt herab / vñ fallt ein arm entzwey / jederman lachet / vnd liessen jn ligen. So laufft aber ein narr herzū / ders gesehen hett / vnnd wūscht mit feusten vber den armen lotters būben / schmiert vnnd schlecht jhn vm̃ das maul vnd kopff / wo er jn traff / vnange-

vnangesehen/das jhm der arm entzwey was / vnnd sagt: Ich hab gemeynt ich sey ein Narr / so bin ich witziger weder du/ blibest du ins Teuffels namen auff der erdē/wie ich jm thů / so werstu lang nit so vbel gefallen. Es ist nit lang ich fiel vber ein banck herab / vnnd můßt mich mit růthen streichen lassen. Du werest wert das man dir mit einem hårinen seil in der kerben geiget / daß dir das klimmen vergieng/ also můßt man den Narren hinweg/ vñ den Seilgeher zům Scherer füren.

Von einem vngelerten Schůlmeister/der das Agnus Dei außlegt.

IN dē Particular zů Erffurt/ was ein vngelerter schůlmeister/ der ward durch die Schůlherren auff ein zeit befragt/ wie er dē schůlern das Agnus Dei exponiert? Er sagt: Agnus Dei / O jr lieben Herren. Qui tollis/

lis/ Die jr hinnemen vñ auffhebẽ. Peccata mundi/ Das gelt der welt. Miserere nobis/ Ach gebt vns auch ein theil. Der gůt Esel ward weiter gefragt/ wie er den verß im Psalmen verstůnde/ Sacerdotes tui induantur iustitia et sancti tui exultent. Der Schůlmeister sagt: Er hett solches auff der Cauaten daselbst zů Erffurt gelert/ Nemlich/ Sacerdotes tui/ Deine gelerten vnnd priester. Induantur iustitia/ Sollen gůte feißte beltzröck anlegen. Et sancti tui exultent/ Vnnd demnach mit Creutzen gehen/ vnnd mit jhren mägdten frölich dantzen. Die Schůlherren zogen heim vnd fragten jhn nichts mehr/ dann es betraff sie auch zům theil/ jhrer mägd halben.

Von einem verdorbnen Müller/ der bettlen gieng.

ZV Sempach im Schweitzerland/ da was ein Müller/ der so gar verdarb/ das er műßt betlen gehn/

(ich acht jhn für der Müller heiligen) man frönt jn/vñ trůg jm auß alles was er hette. Der kam eins mals für eines Becken hauß zů Zofingen/vñ bat vmb ein almůsen vmb Gott vnd des handtwercks willen. Der beck fragt jn/was er für ein handtwerck köndte? Der betler sagt: Er wer ein Müller gewesen. Saget ď beck: Wieuil hastu wol Baurẽ gehabt die bey dir gemalen haben? Antwort der betler/Neunzehen. Oho sagt der brotbeck/du vnfletiger mann/kanstu nit souil stelens/dz du betlen gehst/ich wolt mich mit dem mültzer dermassen vereiniget haben/es hettẽ die bauren alle neunzehẽ ehe müssen betlen gehen weder ich/hastu so ein gůten raum vnnd zeit (dieweil man dirs als selber heim bracht) dein selbs zůwarten oder warzůnemen gehabt/vnd ander leuten müssen wachen/vnd hast dein selbs vergessen/so geb ich dir nit die abscherret auff meiner wür ckbanck/ich geschweig ein stück brots. Weistu nit dz man sich zů zeitẽ neeren můß/wie man mag vnd kan/wil mã anderst im alter nit betlen gehn/vnd gab jm nichts.

Von

Die Garten

Von einem gar altẽ Mann der eines jungen Meidlins zůr Ehe begert.

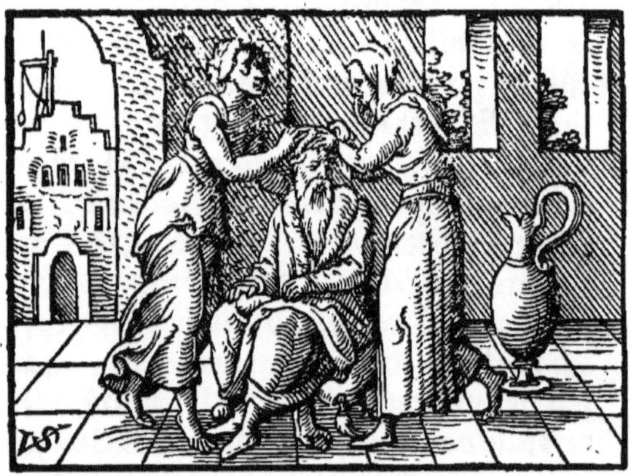

IM Schwabenlandt was ein alter Mann/der saß mit hauß zů Landßberg/ sechs meil von Augspurg/ Der bůlet vmb ein schöns jungs Meidlein / Nůn jhr freund waren des gar wol zůfrieden / redeten also vil mit dem Medlin / das sie jren willen darein gab/doch mit der Condition/ wo es jhr mißling/so wiß sie wem sie solt die schulde geben/also ward ð Heirath beschlossen/

sen/Vnnd der gůt alt Patron hielt sein junges Meidlein gar wol / doch kondt er nichts weitters mit jhr außrichten/ dann er pflegt alle morgen sein bardt vnd haar zůkemmen/ also fůr er jr auch alle mal mit dē kam̄ oder bürsten / vber das jung deschle/vnd das gůt Medlein meynt es müßt also sein / vnd ward gar wol darmit zůfriden / vnnd lebten wol miteinander biß in das 4. jar. Nůn die zeit kam dz der gůt alt Patron von dieser Welt verschied/ vnnd doch zůuor er seinē lieben jungen weib / jr all sein hab vnnd gůt verordnet / nach seinem todt solt mans jr alles vberantworten / das dann geschach. Nůn diß gůt jung meidlein gehůb sich gar vbel vmb den alten/ Da kamen jhre freund vnnd trösteten sie mit solchen worten/ sie solt zůfriden sein vnnd vnserm Hergott die sach beuelhen / dann da giengs auff der Welt nit anderst zů/sie versehē sich/ wan̄ nůn die zeit keme / wolten sie wider sehen/ dz man sie versorget mit einem jungen gesellē / dieweil sie vor ein alten Mann hett gehabt / müßt sie es nůn auch versuchen mit dẽ jungen. Nů die gůt Witfraw ward gar vbel betrůbt / lebet also gar Gottsförchtig in jhrem Witwenstandt. Vber etlich Monat kamen die freund vnnd zeigten jr an / Es wer nit gůt dz sie so lang solt on ein Mañ sein / dañ sie wer jung / vnd wůrd jr vbel außgelegt werden / also ergab sie es jhren freunden / wz sie theten / were sie wol zů friden / wañ sie nůr wißt dz jr so wol geriethe / wie es jr vor gerathen wer. Nůn die freundschafft thaten das best / vnd bestatten sie wider mit einem jungen gesellen / dañ da war grosse narung auff beiden seiten. Da man aber die hochzeit machte / kamen jre freundschafft wider vnuerzogen / vnnd wolten erfaren / wie sich der jung Breutgam hett gehalten. Da sie nů zůr Braut kamen / hůb sie bitterlich an zů weynen vnnd sagt: Ja ich meyn jr habt es wol troffen / vnnd mich gar wol versehen. Die freundtschafft erschracken / wußten nit was bedeut / oder wie sie es solten verstehen / fragten warumb sie also hertzlich weynet? Sie sagt: Ja solt ich nit weynen / der Teuffel geb euch den lon / also wol habt jr mich

versorgt. Jn sum̃a die freund sagtẽ: lie
be Baß habẽ wir euch dañ nit wol ver-
sehen/ ists vns leyd/dann wz wir thůn/
dz haben wir des besten halben gethan/
hettẽ auch gentzlich verhofft / jr würdt
vns darum̃ dancken. Sagt die Braut:
sie dancket jn gar nichts/wolt Gott/dz
sie jren alten mann noch het. Die gůten
freund waren betrübt der rede/ vñ spra
chẽ: Liebe baß sagt vns doch die vrsach
warum̃ jr euch so vbel gehebt? Sagt sie
auffs letzt/ja solt ich nit weynẽ/ mein al
ter herr selig het im brauch alle morgen
vñ abend pflegt er sein bart vñ haar zů
kem̃ẽ/so nã er ein bürstlin vñ kem̃t mein
kleins ketterle auch / Aber d̕ groß vnge-
schickt düppel alßbald wir zů bet kamẽ/
nã die bürst kert sie vm̃ / stieß mir dẽ stil
hinein solt ich nit weynẽ/die freund ver
stundẽ dẽ handel wol wie es zůgangen
war/ lachtẽ vñ sprachẽ: O liebe Baß ist
kein andere klag vorhanden dañ die/ so
seind wir wol zůfridẽ / doch můstu also
auff diese zeit gedult habẽ biß die hoch-
zeit ein end hat/wöllen wir mit jhm re-
den/warte ein tag oder acht/ist es sach

das dirs dann nit gefellt / wöllen wir sehen wie der sach zůthůn ist / damit wir nit also grossen vndanck bey dir verdienen. Da nůn etlich zeit herumb ward / die freundtschafft wart also biß sie kem vnd die sach mit Recht solt fürnemen / wie sie es dann erstlich schwur / als bald die Hochzeit ein end hett / wolte sie all jre freund verklagen / Die aber soll kommen / ist bißher noch nit geschehen / kan auch wolgedencken sie wirdts bey diesem verheissen auch bleiben lassen / vnd sein die freund wol zůfriden / damit sie nit in zanck vnd hader gerathen.

Von einem Bauren der sterben wolt / vnd klagt sich das er ziehen můst / vnd hett noch vier gůter Pferd.

BEy Araw im Schweitzerland / auff einem Meyerhof / da saß ein Baur ď hieß Cleuwē bertschy / ein wunderbarlicher speyuogel / der ward auff ein zeit kranck / vnnd fast schwach /

schwach / das jederman meynt er wolt sterben. Sein fraw fragt jhn / ob er den Pfaffen haben vnd beichten / auch sich verrichten lassen wolt? Er sagt: Ich bin doch mit niemandt vneins / mit wem wolt man mich dann verrichten? Ich möcht aber wol leiden / dz der pfaff hie an meiner statt lege / so wolt ich jhn lieber beicht hören / dann das ich jhm beichten solte / ließ ihn doch holen. Der Pfarherr kam / vnnd sagt: Cleuwe ein gůten tag. Cleuwe sagt: Jr habt ein gůten tag / aber ich hab ein bösen. Der Pfarherr sprach: Clewe mir ist dein kranckheit leyd. Der Baur sagt: Sie ist mir noch viel leyder / dann ich habs am halß. Der Pfarherr sagt: Wo klagstu dich? Sagt Cleuwe: Hie im beth. Der Pfarherr spricht: Wo ist dir weh? Clewe sagt: Hie zwischen den wenden. Der Pfarherr: Ich sihe wol du bist nit fast starck. Ja sagt der baur / Wer ich starck so wolt ich mit euch ringen / mir ist ich wolts euch abgewinnen. Wolan / sagt der Herr / Wilt du dich zů Gott bekerē / so můst jhm anderst thůn. Sprach der

Baur: Wo ist er? Darauff antwort der Pfarrherr: Ich hab jn mit mir her getragen. O / sprach der Baur / ist er also schwach das man jn tragen müß / so ist er wol kräncker dañ ich bin / zwen krancke helffen seltē einander / ich wil nichts mit jm zůschaffen haben / biß er oder ich starck werd. Also gieng der Pfarrherr sein straß / was wol geuexiert / vnd hett nichts außgericht. Nichts destweniger aber was der Baur mit dem speywerck vnd vnnützen geschwetz also blöd vnd schwach wordē / das sich jederman seines todts versahe / wie auch geschahe. Da sprachen die Frawen zů jhm: Clewe / sollen wir dir ein kertzen anzünden? Neyn / sprach er / es ist heiter / ich gesihe noch genůg. Wie er aber noch schwecher wirt / sagt er zů jnen: Wolan / zündet recht die kertzen an / es will doch am letzten S. Vix tantz han. Also lieff man bald / zündt die kertzen an / vnnd gab sie jhm in die hand. So kompt sein nachbaur Vincentz / als der sihet das er so schwach ist / spricht er zů den Frawen: Er zeucht schon / Gott helff jm. Das höret

ret Cleuwe/wie schwach er was/vnnd sagt: Nůn můß es Gott trewlich erbarmen/das ich noch so vier gůter starcker gerůhter roß im stall hab stehen/vñ ist deren keins/es möcht baß ziehen dann ich/vnd wirt mir als dem schwechsten die gröste bürde auffgelegt/also das ich allein ziehen můß. Ich gedenck ich werde am ziehen ersticken/das geschach/dann er starb gleich.

Ein Jud ward ein Christ/verdarb vnd ward wider reich.

TObias hieß ein Jud/der saß zů obern Berckheim der hett ein grausam groß gůt mit wůchern vberkomen/d' ließ sich auff ein zeit bereden/dz er dē Christen glaubē annemen solt/vñ wiewol er nit gern darhind' kā/od' sein groß gewuñen gůt verließ/warde er doch dahin bethädinget/dz er getaufft ward/da sagt man jm/dz er alles sein gůt vm̄ Gottes willē armen leuten geben solte/so würde jm Gott hundertfeltig souil dargegen wider bescheren

vnd geben. Als er nůn getaufft/vñ Bo-
nifacius genannt ward / auch sein hab
vnnd gůt vmb Gottes willen hinweg
gegeben hette/ward er ein zeitlang von
den Burgern vmbher zů gast geladen/
vnd jm von wegen der bekerung vnnd
annem̃ung des Christlichen glaubens/
viel ehr vnd gůtthat bewisen. Da man
aber letzlich anfieng můd zůwerdē/vnd
abzůkeren/vnd der gůt Bonifacius nit
mehr geladen ward/ nit mehr wůchern
dorffte/auch nichts mehr zůleihen oder
zůgeben hette / fieng er an dürfftig vnd
kranck zůwerden / das man jhn in den
Spital nem̃en můßt / da gewan er die
rote růr / oder außlauffen so starck / das
er sich seins lebens gantz vnnd gar ver-
wegen hette. Demnach aber er sich all-
zeit auff die hundertfeltige widergel-
tung seines gůts / dz er so frey vm̃ Got-
tes willen geben hette / als er getaufft
ward / vergebens vñ vm̃ sonst gehofft/
des seinen damit nů auch beraubt war/
vnd ein solche schwere tödtliche kranck
heit darzů vberkommen hett / dann je-
derman ließ jhn das seine schaffen / nie-
mand

mand nam sich sein nicht mehr an. Da kam er in ein solche verzweiflung/ dz er auß dem spital gehn oder kriechen wolte/ so weit/ lang vnd viel/ das niemandt wüßt wo er hin keme. Also zeucht er jederman vnwissent auß dem spital. Vnd dieweil er also vngeheb mit dem hinderen bogen was/ der roten rûr halben/ kame er auff ein wisen/ da mûßt er sich reuspern/ vnnd als er ein schermesser/ oder wie mans nennt/ sûcht/ so findt er ongefehrlich ein secklin vol Edelgesteines/ welchs einem Zoylierer empfallen war. Er was fro/ nam das/ vnnd ward wider reich/ leget sich an die ärtzt/ vnnd ward gesund/ kaufft heuser/ äcker/ matten/ vnd was er bedorfft/ lebt darnach in grosser reichthumb. Aber als sich die leut wider sein annemmen vnnd gesellschafft zû jhm suchen wolten/ mocht doch niemand einichen willen bey jhm wider erholen/ das er sich der leut oder gesellschafften mehr annemmen wolt. In dem warde er auch gefragt/ ob nit das Euangelium war were/ das jhm Gott sein außgetheilt gût in die armē/

hundertfeltig wider geben hette? Ja sagt Bonifacius/er hat mirs wider geben/ vnd wol gehalten / aber die sporen wol ertrieffen lassen/ dann er mirs also saur vnnd versaltzen gemacht / auch so lang verzogen / das ich mich darüber schier zů todt gehofieret hett. Ehe ich mein gůt mit solchē gefährlichē scheissen mehr vberkommen wolt / auch er mit der widergeltung mirs also lang verziehen/vnd ich mein leib vnnd leben in ein solchen zweiffel stellen/ ehe wolte ich mich des Christen glaubens wider verleugnē/ also hat mich der new Christus biß auff das hinderst mit meinem arß außgemergert vñ abgericht. Ein alter Jud gibt selten ein gůten Christen / wie die alten hund / die lassen sich selten bendig machen.

Die Bauren von Garburg wolten einem Nußbaum zů trincken geben.

Der

DEr zeit/ als die Baurßleut/ vnnd nemlich die in dem gebirg/ noch also from̃/ schlecht/ einfaltig vñ gerecht waren/ da stund außwendig eines dorffs geheissen Garburg/ ein grosser nußbaũ/ an eim reyn/ bey einem wasser/ dem hienge ein grosser Ast vber dz wasser/ vnd senckt sich schier biß auff den fluß hinab. Die gûtẽ freund waren liebe/einfeltige/ from̃e leut/ hetten ein mitleiden mit dem baum/ vnd giengen zû rath/ zûbedencken wz doch dẽ Nußbaum angelegen möcht sein/das er sich also zûm wasser neigte. Als nûn mancher hand rathschleg fürgiengen/ sagt zûm letsten der Meyer/ ob sie nit närrisch leut weren/sie sehen doch wol/das der Baum an einem reyen vnd dürren stünde/ vnd sich darumb auff das wasser senckte/ das er gern trincken wolte/ er gedechte auch nicht anderst/ dann das derselbig Ast/ des Baums schnabel were. Also wurden die Bauren zû rath/legten ein grosses seyl oben an den baum/ stelten sich jenseit des wassers/

vnd

vnnd zogen den baum mit gewalt herab/vermeynten jhm trincken zůgeben. Wie sie jhn nůn schier bey dem wasser hetten/ befalhē sie dem botten auff den baum zůsteigen/ vnnd den kopff oder dolden vollen in dz wasser trucken. Der bott steig hinauff/ vnd truckt den dolden hinab/ so bricht dē bauren das seil/ vnnd schnellt der baum vbersich/ vnnd schlecht ein harter ast dem botten den kopff ab/ der fiel in ein dicke hecken. Er fellt von dem baum herab/ vñ hett kein kopff. Die bauren waren erschrocken/ das er kein kopff hett/ giengen zů rath vnnd fragten vmb/ ob er auch ein kopff gehabt hett/ da er auff den baum gestigen were/ es kundts aber keiner wissen. Der Meyer sagt: Er glaubte sicherlich er hette kein kopff gehabt/ da er mit jhnen hinauß were gangen/ dann er hette jhm wol drey mal geruffen/ hette jhm aber nie antworten wöllen/ doch hette er nit eigentlich acht darauff genommen. Also ward mit gemeiner vrtheil erkandt/ mā solt jemandts heim zů seiner frawen schicken/ vnd die fragen lassen/

ob jr Mann auch heut am morgen den kopff hab gehabt da er auffgestanden/ vnd mit jhnen hinauß gangen sey. Also kan noch heut bey tag niemandts im gantzẽ Dorff eigentlich daruon sagen/ ob der Bott den kopff daheim gelassen/ oder mit jhm hinauß getragen habe.

Von einem Bannwart/ der forcht wenn er in den Weitzen gieng/ so thet er schaden/ aber vier műßten jhn darein tragen.

ZV Dummerstatt da hetten die Baurẽ ein vberauß hűbsches Weytzenfeld geseet/ vnnd als man schier schneiden solt/ da waren wol 12. Pferd in den Weytzen gangen / die zechten gűts műts dariñ. Der Bañwart ersahe es / was im zweiffel ob er sie solt herauß treiben/ er forcht er wűrde den weytzen zertretten vñ schaden thűn. Gieng heim vnnd zeigts dem Meyer vnnd der Gemeind an/ die wűßten auch nit/ wie jhm

jhm zůthůn were / damit dem Weytzen nit schaden beschehe / vnnd der Bannwart dannocht die pferdt herauß treiben köndt. Da sie schier sechs stund gerathschlagt hetten / vnnd nit deßtweniger die pferdt für vnd für den Weytzen abätzten / da erkandten sie zůletst gemeynlich / es solten vier vom Gericht den Bannwarten auff ein hurt setzen / vnd jhm ein lange gerth in die hand geben / vnd jn zů den pferden in den weytzen vmbher tragē / biß er sie allgemach herauß getribe / vñ solt der Bannwart nit in weytzen gehn / damit er kein schaden thete / das geschach. Also ist dem Weytzen mit den vieren / so den Bannwart darinn vmbher getragen / auch mit dē langen rathschlagen / kein schaden begegnet / Aber ð Bannwart hett jhm grossen schaden zůgefügt / wo er die pferd allein herauß getrieben würde haben.

Ein vngelerter Pfarherr verkündt seinen bauren weder Faßnacht / Fasten noch Ostern.

EJn dorff ligt zwischen Genff vnnd Losanna/das heißt Orunge/ daselbst hetten die bauren ein pfarrherr/der wüßt weniger weder seine pfarrkinder/ja weniger dann d teutsche Michel. Dieweil derselb pfarrherr/ weder der zeit noch des jars warname noch wüßte/so verkünd er auch dē bauren weder Faßnacht/ Fasten/ Ostern/ noch andere festtag des jars. Als er aber auff ein zeit/ nemlich/ auff den Palmabend ghen Losanna auff den marckt geht/sicht daselbst etliche so Palmē feyl habē/fragt er/wz das bedeut? Da man jm aber sagt/es wer der Palmabend/ er kant er erst dz er seinen baurē noch kein Fasten verkündt hett. Er kaufft auch Palmen/zeucht heim. Des andern tags ließ er dē volck in die kirchen zůsamē leuten/ vñ sagt jnē: Lieben kinder Christi/ ich můß euch sagen dz mir bottschafft komen/ euch anzůzeygen/ das heut der Palmtag ist/damit man Gott die ehre/ nach alter gewonheit mit den Palmen vnd ölbäumen thůn soll/vnd wirt heut vber acht tag der Ostertag sein/ da richte sich ein jedes / das es in seinem hauß mit jungen Lemern vnnd fladen versehen sey/ damit mir / als ewerem Pfarrherren / mein theil auch gebüre. Diese wochen aber sollen jhr beichten vnnd büß würcken / dann wir haben fürhin diß jar kein Fasten mehr / das solt jr dar bey erkennen. Die Bäpstlich heiligkeit hat mir zůgeschriben / es sey die Faßnacht diß jar so gemächlich vnnd langsam võ Rom auß Italia gezogen / das sie vor grosser kelt/ schnee vnd eiß/ vber den Gotthart vnd S. Bernhart / auch vber den Genffer see/ herüber zů vns nit kommen mögen. Deßhalben dann auch die Fasten so spat vnnd langsam herüber gestrichen / also das sie nicht mehr dann die Karwochen/ vnnd sonst keine mit jhr bringt. Sie klagt/ es seind jhr die andern fünff wochen/ als Inuocauit/ Reminiscere/ Oculi/ Letare/ Iudica/ auff dem Gotthart/ vnd S. Bernhart zům theil erfrorẽ. Das ander theil hat sie vor schweche auff dem weg / erst võ Genff auß verzettelt/ will also recht

diese

diese woch / von wegen der grossen müde bey euch haußhalten. Darum̃ so lang sie bey vns hie ist / so beichtet / vnd werdet fromme kinder / wenn demnach die woch vergangen / wo sie alßdan̄ lenger bey vns haußhalten / vnnd nit weichen wolt / so soll jr der Castellen od̃ Schultheiß bey des Babsts bann hinweg ghen Freyburg in Vchtland gebieten. Wolt sie es auch nit thůn / so soll er sie greiffen / vnd am leib straffen. Jch will euch alle darüber als meine Pfarꝛkind̃ atzelsieren. Allein vergesset der Osterlämmer vnd fladen nicht.

Ein Koch begert das jhn sein Herꝛ zů einem Esel machte.

GAleatius Maria / der Herꝛliche Frůst vnd Hertzog zů Meyland / hielte stätigs ein grossen Fürstlichen hof / vnnd was gar ein milter Fürst / so er vmb etwas gebeten warde. Auff ein zeit kamen an einem abend

vil frembder Herren / da eben der Fürst
essen wolt / vnnd baten vmb allerhand
lehen vñ sonst herrlichheiten. Der Fürst
hette gern zůnacht gessen / vñ morgens
jhnen ein antwort geben / aber sie wol-
tens nit verstehen / sonder hiengen für
vnd für an / das er er sie (wolt er zů frie-
den sein) jhrer bitt geweren můßt. Da
tratt des Fürsten Mundtkoch herfür /
sagt zů jnen / ob sie auch menschen oder
Esel weren / ob sie nit wüßten welche
zeit morgens oder abendts ein solcher
mechtiger Herr angesprochen werden
solte / es verwundert jhn / dz sie der Fürst
so gnedig hörte / vnnd das sie in dieser
molestierung / damit sie den Fürsten wi-
der abends also bemüheten / souil von
jm impetrierten / vnnd dessen gewehrt
würdē. So spricht der Fürst zům koch:
Du vermeynst sie bitten vngereumbte
ding (wiewol es war) warumb bittest
du nit auch ein mal vmb etwas? du bit-
test weder morgens noch abends. Ja
sprach der Koch / so ist mir genůg / das
ich also ein gnedigen Fürsten vnd Her-
ren hab. So ich aber bitten wolte / so
wolt

wolt ich anderst nichts begeren / dann das mich E.F.G. zů einem Esel machte. Der Fürst verwundert sich dieser rede / dz er lieber ein Esel / dañ ein mensch zůsein begert / fragt jhn wie er das gemeynt? So sihe ich wol / sprach d Koch / all die so E.F.G. so hoch erhebt / jhnen ehr / würde / ämpter vnnd grosse Herrschafften gelihen / die seind also gar zů groben / stoltzen / grossen / tollen vñ hoffertigen Eseln worden / also das sie gar nit achten / ob sie E.F.G. tag vñ nacht / mit geylen vnd gutzlen molestieren vnd bekümmern / wie es dann jetzunder geschehen / vnnd noch kein auffhörens da ist. Weren sie nit Esel / solten sie billich E.F.G. vnbekümmert zů nacht essen / vnnd rühwig lassen. Deßhalb begerte ich auch ein Esel zůwerden / so würde ich auch ein grosser Herr / mit wenig vernunfft vnnd weißheit / wie auch diese seind / begabt vnd vberladen.

Von einem der sich beklagt / er wer beraubt / vnd behielt noch den besten rock.

Matiasco der König in Hungern / der fürte vil grosser krieg wider den Türcken / vnd die Osterreicher / der hett ein obersten Rittmeister / ein gar grausamen Mann / Jacobitzgi geheissen / welcher vil Reuter

vnder jm hett / die hielten sich mit rauben / brennen / verwüsten / gantz vbel / was niemandt gedencken dorfft / das griffen sie an. Zů diesem Jacobitzgi kame eins mals einer / der klagt / es hetten jhn seine reuter beraubt / jhm seine kleider / gelt / vnnd was er bey jhm gehabt / alles genom̄en / auch jm gar nichts gelassen /

lassen / als nur den eintzigen rock so er noch an hette (derselbig rock was von dem besten Hungerischen thůch.) Der Jacobitzgi hört die klag / sahe den rock an / vnnd fragt jhn / ob er auch den rock hett angehabt / da er des andern seines gůts beraubt wer worden? Ja sagt der gůt gesell / sie hetten jhm sonst nichts mehr gelassen / als denselben rock. Darauff antwort der Rittmeister / vnnd sagt: Oho gesell zeuch hin / vñ klag dich nit / du thůst meinen reutern vnrecht / die so dich beraubt haben / seind nit von den meinen gewesen / dann ich hab die meinen abgericht / sie hetten dir nit das niderkleyd / ich geschweig das hembd angelassen / der rock hette zům ersten müssen außgezogen sein. Darumb rath ich dir / klag dich nit / wilt åchter diesen rock vnnd was du vbrigs hast / nit auch verlieren. Damit zog der gůt Mann hin. Vnnd were gar nahe mit seiner klag auch vmb den gůten rock kommen.

Ein Curtisan sagt zum Bapst/er hett ein bösen kopff.

ZU Bapst Urban dem sechsten/ kam eins mals ein Curtisan võ Hostia/begeret noch mehr expectanzen vnd Bullen/vnd lag dem Bapst so hefftig an/dz er jhn vnwillig macht/saget:er hett on das mehr dañ er versehen köndt/(dann es kamen stetigs vil klagen seinethalben für den Bapst.) Der Curtisan wolt nit nachlassen/so wolt der Bapst jhm nichts verwilligen. Der Curtisan fieng an mit dem Bapst zů hadern vnnd balgen. Der Bapst sagt: Er solt sich hinweg machen/ er were ein böser bůb/vñ hette einen bösen halß starrigen kopff. Gleich facht der Curtisan an/vnd saget: Allerheiligster Vatter/dasselbig sagt meniglich in gantz Italia vnnd Teutschlanden von ewer Heiligkeit/vñ ich habs nie wöllen verantwoten/vnd noch nit/vnd zohe damit sein straß daruon vnnd ward jhm nichts.

Ein Baur gab seinem nachbauren ein rath/der gůt für alles fallen war.

RVede Vogelnest/ein Baur im Entlibůch/ im Schweitzerland/ steig eins mals auff einen hohen Thañbaum/etwas daran zů einem speicher zůbesehen/ vnnd es fehlt jhm aller oberst auff dē baum ein tritt/fallt vber den baum abher/zerfallt etliche rippen im leib/ vnnd sonst auch vbel. Dieweil er sich nůn so vbel gehůb/ so kompt sein

Nachbaur Heyne klöpffgeissel genant zů jm gangen/klagt jn vnd erzeigt sich/ das es jhm sehr leyd were. Sagt weiter/ wo er jhme volgen wolt/ so wolt er jhm ein rath geben/ das er sein lebtag von keim baum mehr fallen möcht. Darzů sagt Růde Vogelnest. Jch hett wol leiden mögen/ du hettest mir diesen rath hieuor geben/ ehe vñ ich gefallen were/ jetzunder aber ist es versaumpt/ doch möcht dannocht der rath in künfftigen zeiten nit vnnützlich sein/ fragt jn/ was es für ein rath were? Darauff sprach Heyne klöpffgeissel: Hinfürter thů jhm also/ sihe vnd schick dich darzů/ das du nit schneller oder behender seyest im herab steigen von dem baum/ weder im hinauff steigen/ vñ mit der gůten langsamen weilen/ wie du hinauff steigest also steig auch wider herab. Mit dieser kunst würstu dein lebenlang ab keinem baum nimmer mehr fallen/ vnd gieng damit wider heim/ hett jhm ein gůte lehr geben.

Von

Von einem Gauckler/ der fliegen wolt.

ES ließ ein loser kundt / ein Gauckler (wie man jn nennt) zů Bononien brieff anschlahen vnd außkünden / wie das er von einem hohen thurn / gegen S. Raphaels bruck zů / wol ein welsche meil wegs / von der Statt außwendig gelegen/ fliegen wolte. Wie nůn auff den angesetzten tag/ ein groß volck von Bononien / hinauß für die Statt zůsam̃en kamen/ sich mit langem warten / der Sonnenhitz vnnd hunger / schier biß zů vndergang der Sonnen außgemerglet hetten/vnd der loß kautz nit kame/ward jederman verdrossen. Also gar nahe an der nacht/ da die Sonn vndergangen / zohe er daher ließ sich aller oberst in der höhe auff dem thurn sehen/ růst sich mit seinẽ flüglen / jetz hindersich / jetz fürsich zů dem fliegen / machet damit das alles volck mit auffgespertem maul jhn stetigs ansahe/ vnnd des fliegens warname. Die

Sonn was zů gnaden gangen / es was schier nacht / vnnd auff das eben dasselbig Judas kind / nit vngethā abschied / dz volck den tag nit vergebens genärt vnnd warten hett lassen / so kert er sich vmb / zeucht das geseß hinden abhin / sperret das muckenkensterlin von einander / vnd laßt jedermann in das finster gewelb sehen. So bald das volck solch heßlich angesicht / sampt den flügeln die darbey hiengē / erblickte / marckten sie wol das sie betrogen waren / zogen also matt / schwach / hitzig / hungers todt / vnd mit dem frölichen anblick desselbigen spiegels wider gen Bononien / vnd hetten ein schön fliegens gesehen.

Ein Mann vnnd ein Fraw

wurden eins / sie solt Mann mit der arbeit / so wolt er Fraw mit haußhalten sein / damit jedes die geschefft beyde ein andermal köndte außrichten.

Zwen

ZWen Höf stehen bey dẽ Stock-
weyer neben einander/auff dem ei-
nen was ein Hofman/ der mit sei-
nem Weib nit gestellen kondt/sie wüß-
ten sich gegen einander in jhrem hauß-
halten nit zůuergleichen / es was alle

zeit ein rauffen vnd schlagen bey jhnen.
In summa / Sie hielten seltzam hauß.
Eins mals gedacht der hofman (der
hieß Lorentz/ vnnd die fraw Adelheit)
wie doch der sachen zůthůn were/ da-
mit so vil zanckens/haderns / balgens/
vnnd vnrůh zwischen jhnen vermitten
würde/

würde/saget zůr frawen / sie müßt nůn an/fürhin an seiner statt der Mann sein/ so wolte er die frawen arbeit versehen/ sie solt zů acker farē/treschen/ seen/ vnd andere Manns arbeit thůn / so wolt er daheim haußhalten / des jungen kinds warten / hůnern / gensen / enten / den schweinen / vnd dem fülle im stall zů essen geben/kochen vnd fegen/ꝛc. Damit kündt jedes des andern haußhalten erfaren vnnd lernen. Es gefiel der rathschlag der Frawen (die doch on das begiriger seind / nach dem zaum zůgreiffen/vnd die brůch an zůthůn) wol. Sie gieng in stall / rüst die pferdt vnnd den pflůg / fůhr inß feld/ befalh dem mann (der jetzund fraw wz) er solt jr zů mittag zůessen bringen / das kind versorgen das die wieg nit vmbfiel / vn̄ dapffer kochen. Ja sprach der mann/ ich wil es recht versehen / ist gar geschefftig / raumpt auff / fegt das hauß / singt fein klein / wie die weiber / das man hören solt/dz ein fraw in dem hauß were / Er ist gar ernstlich in seinen sachen / vnnd verschütt ein grossen hafen mit milch/

darauß

darauß er ancken gemacht / vnnd dem kind ein brey solt gekocht habẽ / in dem hauß / daß was das erst glück / Ab welchem er gar sehr erschrack / gedacht damit / das der meister gesagt hett / er solt gůt sorg zům kind vnnd der wiegen haben / daß das kind nicht vmbfiel. Nam ein grossen breyten stein / legt jhn auff das kind / da můst die wieg wol still stehen / vnnd kondt noch mocht nit fallen. Nů fiele dem gůtẽ Lentzen ein / er můßt auch kochen / es würde schier mittag / vnnd nimbt 12. eyer / schlecht die in ein pfann mit ancken / vnnd stellt sie vber das fewr zů bachen / dieweil geht er in den keller vnnd gewint wein / vnnd vor dẽ fäßlin gedacht er an die eyer ob dem fewr / laufft bald / wil darzů sehen / behelt dẽ zapffen zům fäßlin in der hand. Da er in die kuchen kompt / so ligt der leiden aller im fewr / vnnd sitzt ein katz darüber / die frißt die eyer. Da gedacht er auch an das kind ob es schlieff / lůgt / so ist es vnder dem stein ertruckt / vnnd todt. Almechtiger Gott / er was gar leydig vmb das kind / bedenckt sich / wie er

der

der sachen thůn wolt. In dem schlecht er die hend von jme/ so felt jm der zapf-fen zům fäßlin auß dē fingern. Der gůt Lentz gedacht an seinen wein/ lauffet eilendts in den Keller/ so ist der wein aller außgelauffen/ vnnd das fäßlin lähr. Wie er schnell das kentlin erwüschen will/ so stößt er daran/ vnnd schütt es auch vmb/ da schwam der Wein aller mit einander. Wer was leydiger dann der gůt Vetter? bedacht sich hin vnnd her/ sprach zů jhm selbs: Du wilt Fraw sein/ hast die milch verschütt/ kanst kein Ancken mehr machen/ das kind ist er-stickt/ das heißt ein Wiegen versehen/ die eyer vnd ancken ligen im fewr/ vnd habens die katzen gefressen/ der Wein schwimbt im keller/ die kañt ist vmb ge-stossen/ wie wil das zůgehen/ wenn der mann vom feld heim kompt/ hungerig vnd durstig ist/ vñ den hübschen hauß-halt sicht. Dieweil ich mich dañ d' fraw en gescheefft/ vñ sie sich der mañßarbeit vnderwunden/ sie mir also mit einem freyen bengel vber die lenden wüscht/ vnnd mir den balg vol schlecht/ so ge-schicht

schicht mir doch recht/ ich habs also gewölt haben / warumb bin ich nit Mann blieben? In dem bedacht sich der gůt from Lentz/ wie er jm thůn wolt/ da kame jhm in siñ das er des füllins im stall vergessen hett. Nimbt bald ein sichel/ zeucht hin auß/ vnd wie er an dē Stockweyer abhin gehet / so sicht er ein grossen Hecht an dem staden halten/ er was fro/ nimpt die sichel/ vnd wirfft sie nach dem Hecht / vermeynt jhn zůtreffen/ so fert er daruon / vnnd bleib die sichel im můr ligen. Der arm Lentz zohe sich auß vñ steig inß wasser/ sucht sein sichel/ bucket sich / vnd griblet also lang im můr. In solchē griblen vnd suchen/ so kombt einer vnd stilt jm die kleyder. Als er nůn nach langē suchen die sichel nit bekommen mocht/ so richtet er sich auff/ sucht sein hembd am stadē/ befindt er dz jm alle seine kleid gestolen sind. Vñ als er solches befindt / steigt er also trawrig vnd nackent auß dē wasser/ vnd raufft so vil graß mit den fingern auß/ dz er ein arm voll vberkā/ demnach ein grosse handt voll/ damit er den knabenbůben decken

kundt/

kundt / laufft eylends heim hinden zům hof ein (das jhn niemand also nackend sehe) dem stall zů / will dem fülle dz graß bringen. So bald er zům stall eingehet / vnd sein nit war nimpt / so ist das fülkin vast hungerig / felt den nechsten vnden in das graß / erwüscht das graß / vnnd alles miteinander / beißt damit dem armen teuffel den gottsbößwicht / vnnd den element allen mit dem graß am leib hinweg. Wer was da in grössern lästen dann der arm Lentz? Er wüßt weder auß noch ein / kam in ein solch verzweifflung / das er sich also verwundt vnnd nackend in den ofen verbarg / stellt sich aller hinderst auffrecht darein / vñ wartet recht der gnaden. In dem so kompt die Fraw o / der der zeit Ackermeister / vom feld gefaren / vermeynt jhr Mann hett wol haußgehaltẽ. So bald sie aber sahe wie es vmb das kind stund / im keller / kuchen / vñ mit der milch zůgangen was / erschrack sie fast / vnd rüfft allenthalben im hauß vmb sich / Lentzo / Lentzo / es wolt jhr aber niemands erstlich antwort geben / der gůt Lentz forcht sich.

sich. Bald schreyt sie wider: Lentzo. Da gab er in dem ofen antwort/ sagt: Ho-ho. Der Ackermeister rüfft wider/ Wo bistu? Hie im ofen/sprach Lentz. Was teuffels/sagt die Fraw/thůstu im ofen? kom herfür. O neyn/sprach Lentz/ lieber meister/ich hab vbel haußgehalten. Die Fraw sagt: Was hastu dann gethan? Ja/sagt Lentz/ich hab das kind ersteckt/ hab gemeynt ich wolt die wiegen also steiff gestelt haben. Ach lieber Lentz/sagt die Fraw/ dz schadt nichts/ wir wöllen wol andere kinder machen/ kom nůr auß dē ofen/ ich will dir nichts thůn. Ja lieber meister/ ich hab mehr gethā. Was hastu mehr gethan? Lentz sprach: Ich hab den wein im keller lassen außlauffen/ die kañt vmbgestossen/ vnnd auch verschütt. Es schadt nichts lieber Lentz/sprach die fraw/ Wir wöllen wasser trincken/kom̃ nůr herfür. Ja lieber meister ich hab mehr gethā. Was hastu dann mehr gethan? Ich hab die milch/die eyer/ vñ dē ancken verschütt/ vnnd habens die katzen gefressen. Es schadt nichts lieber Lentz/ kom̃ nůr her

 für/

für/wir wöllen käß vñ brodt essen. Ich hab mehr gethan. Was hastu mehr gethan? Ich hab dē Füllin wöllē grasen/ hab die sichel verloren / vnd sind mir alle meine kleyder gestolen worden. Es schadt nit / sagt die fraw / lieber Lentz/ wir wollen dz graß mit dem messer abschneiden/vñ andere kleyder zů Widersdorff außnemmen/kom̃ nur herfür. Ja lieber meister / ich hab noch mehr gethan. welchs das aller gröst vnd böseſt ist. Die fraw sagt: dz wer nit gůt/wz hastu dann mehr gethan? Ja lieber meister/ich hab dem füllin wöllen graß in die reyff werffen/wie ich nackent bin/fellt es in mich/ vñ erwüscht mir den knabenbůben/hat mir denselben am leib abgebissen / darum̃ darff ich nit hinauß komen. Da die fraw das erhört / erwüscht sie gantz geschwind ein ofengabel/fieng an vnd saget: Ja ich hab wol gedacht/es sey etwz anders im handel dann die eyer / milch/ wein/kleyder vnd kind. Wiltu haußhalten/ vnd alle ding verderben / verlieren vnnd verwüsten/ vnnd laßt dir erst vnseren fridenmacher darzů am leib hinweg

weg reissen? Halt ich wil dir deins hauß haltens geben/ stößt gleich bald mit der ofengabel den armen Teuffel in dem ofen/ dz er von not wegen mit den elenbogen vnd dem kopff die kachlen müßt außstossen/ vnnd durch den ofen in die stuben empfliehen/ springt also nackent vnnd blůtig gantz geschwind zů dem fenster auß. Die Fraw jhm mit der gablen hinnach/ er schreyet/ sie flůchet. Die Nachbeurin neben jhr erhört solches geschrey vnnd wesen/ verwundert sich/ sihet was es sey/ ongefährlich sicht sie jhren lieben Nachbauren Lentzen da lauffen/ vnnd die Fraw vbel thůn/ sie hett ein Nachbeurlichs mitleiden mit jhm/ vnd spricht: Ey gefatter Adelheit/ was zeucht jr mein lieben gefatter Lentzen/ Er ist doch allzeit ein gůter frommer Mann gewesen/ lasset den zorn fallen/ vnnd gebt jhm doch ein Hembd an. Ja/ sagt Fraw Adelheit/ ich geb jhm S. Gallen kraut/ allen Teuffel im hauß hat er mir verwůst/ vnd das kind ertrucket mit eim stein/ noch wer es als zůuer zeihen/ dann allein das letst vnd bösest/

Sol ich euch nit sagen/er hat jhm vnser jung fülle im stall/ all sein haußgeschirr vnden am bauch gar vnd gantz abbeissen lassen/ darumb mag ich sein kein genad mehr haben/ das ander wer alles gůt zůuerzeihē. Alßbald die Nachbeurin das erhört/das er seines scharwechters beraubt war/da ward sie jhm auch feindt/vnd hett ein kleins hündlin/dem lockt sie behend vnd bald/schlůg die hende zůsamen/ sprach: Hurß hurß bätzlin/hurß/ dapffer an jhne/ er ist doch nichts mehr werth. Der gůt Lentz was außgethan/ hett kein sichern platz mehr/ lieff daruō also nackent. Da sagt die Nachbeurin: Wolan liebe gefatter Adelheit/ setzet ewer hertz zů růhen/ich hab ein gůten/starcken/gerůhten knecht/ der wirt für euch sein/ ich weyß euch werschafft zůtragen/ denn ich hab mich wol sechs oder siben jar mit jm gelitten/ ja so wol dz ich weyß was er für ein gesell ist. Also můst der gůt Lentz vmb seines haußhaltens willen seinen besten degen verlieren/vnd gar von dem bůch der lebendigen außgethan sein. Ein ander mal

versehe

versehe der Mañ das sein / vñ die Fraw jhr werck / so hat keins dē andern nichts zůuerweisen / damit behelt der Mann seinen gůten scharwechter frisch vnnd gesund / vnd bleibt die Fraw dester baß mit jhm zůfriden / das er nicht mit dem kopff durch den ofen / vnnd zůletst gar schandtlich / nackent vnd vbel verwundet entlauffen můß.

Ein Pfaffenmagt wolt lernen auff dem rucken auff die Kirchweyhe gehn.

ZV Toll in Franckreich / was ein reicher Thumherr / der hat ein schöne Magdt / die allein auff jhn wartet / die hieß Joanna. Auff ein zeit bath sie den Herren / er solte jhr ein new bar schůch machen lassen / sie wolt am Sontag hernach auff ein Kirchweyh gehen. Der gůt alt Herr sagt: Sie solts thůn / (sie was on dz herr vñ meister im hauß) Sontags früe kompt der schůhknecht / bracht jhr die schůch / er vberkam bescheid /

scheyd / vber eine stundt oder zwo wider zůkommen (dann er was ein hüpscher junger gsell.) Der Herr sagt zů der magdt / sie solt ein gute Henn zůsetzen / dennacht möcht sie auff die Kirchwey gehen. Der Herr zohe in die Kirchen / vber ein weil kompt der Schůhknecht seinem beuelch nach / die Magdt empfieng jn freundtlich. Von stundan legten sie sich stracks in dē hauß nider / vnd theten ich weiß nicht wz. Der gůt Herr gedachte aber in der Kirchen / so die Magdt auff der Kirchweyh were / so würde der hennen mit dem fewr annmachen vbel gewart werden / geht auß der kirchen heim. Auff dem weg / findt er den schůmacher / den meister / den ledt er zů gast / sagt: er solt mit jhm heim gehn / er wöll jm die schůch bezalen / sein Magdt sey auff die kirchweyh gangen / vnd hab die nowen schůch an / er gedencke wol / sie werde sie mit dantzen vnnd lauffen abfertigen / das er jhr morgen ein new par műß machen lassen. In denen reden komen sie zů dē hauß / der Herr schleußt auff / sie gehen hinein / so sehen sie / wie

der.

der schůhknecht vnnd die Magdt einander im hauß vmb das geseß ropffen. Es was ein wunderbarlicher kampff/ dann jhr keins dem andern nichts vertragen oder nachlassen wolt/ darneben was jnen auch so gůter ernst/ das sie weder den Herren noch den Schůster hören. Wie aber der Herr das gauckelspil ersicht/ so spricht er: Box donder/ box blitz/ Joanna Joanna/ das ist ein wunderbarlicher gang/ wenn du also wilt auff die Kirchweyh gehen/ so wirst du diese newe schůch dein lebtag nit zůbrechen. Die Magdt vnnd der schůknecht wüschten in dem schrecken auff/ damit wendt sich der gůt Herr vmb/ vnd sagt zů dē schůknecht: Wolan ziehe du heim/ vnd weñ du meiner magdt mehr schůch machst/ so sag mirs/ ich wil dir allezeit dein trinckgelt auß dē seckel schencken/ du solts jr nit also grob anß kerbholtz an schneiden/ es würde mich sonst wol ein jar/ weñ sie wolt auff dem rucken lernen auff die Kirchweyhe gehen/ zween oder drey röck kosten. O lieber meister sehet selber/ zů gleicher weyß/ wir beyde sie haben sehen gehen/ so bedörffte sie auch wol kein solen in den schůhen/ aber ein groß breyt starck leder auff dem rucken/ das thůch würde zůschwach sein/ vnnd diese schimpff nit alle erleiden mügen. Demnach zohe der gůt schůhknecht dahin. Die Magdt gieng mit den newen schůhen wol angelegt auff die kirchwey he. Der Herr vnd der schůhmacher assen die Henn/ waren alle vier wol content/ es hat auch niemands am leben keinen schaden oder nachteil bracht/ so ist auch jhr keinem kein ripp zerbrochen.

Ein karger Haußschaffner tranck bruntz für Cardobenedicten Wein.

Es hett ein Edelmann auff dem Göw ein grosses hauß stehn/ vil knecht/ vil mägdt/ vnd nehret sich zů zeiten des sattels von dē Franckfurtischen Kauffleuten. Wenn er aber daheimen was/ so gab er seinen knechten auß beschloßnen zinnen käntlein/ jeglichem

jeglichem ſein beſondere portz (doch genůg / das kein klag da war) zůtrincken. Nůn hett er einen alten / kargen / neidigen / vngetrewen Haußſchaffner / der was Euclio genannt / der allzeit ſahe / das er dem geſind / es wer den reutern oder anderm dienſtuolck jr portz abbrache / den ſeurſten wein / vnnd das herteſt brodt / jhnen zůgeben pflag / Aber er behielt jhm ſelbſt die beſten bißlin in ſeiner kamern. Die Reuter marckten den boſſen / wurden räthig / wie ſie jm thůn wolten / das ſie jhn bezalen möchten / auff das er jhnen auch mit der zeit ein keltwaſſer holte. Nůn hett Euclio der alt Narr ein art / wenn man aß / ſo zohe er von eim tiſch zům andern / fragt / was ſie für wein hetten / ob er auch gůt wer / nam denn ein käntlein / trancks etwan halber auß / alſo / das darnach ein anderer manglen můßt. Das thet er nůn offt vnd dick. Da was einer vnder den Reutern / hieß Peter von Halberſtatt / ein Sachs / ein Judas kind / dem nichts zů uil was / der ſahe eins mals das er zwey käntlein vberkam / das ein bruntzet er voll / das ander ließ er jhm voll weins schencken. Das keñtlein mit dem wein behielt er hindersich / vnnd das mit dem bruntz das stellt er für sich auff dē tisch / als ob es das keñtlein mit dem wein were. Die knecht wußten den bossen / liessen sich vnder einander hören / der Juncker hett sie ein mal selbs mit eim besonderen trunck begabet / sie műßten lang gewart haben / ehe jn der alt Euclio ein solchen trunck mitgetheilt hett. Der alt hörts / gedacht ob jhm auch ein trunck werden möcht / das er jn versucht / kam zů jnen / fragt / wie jnen der wein schmecket / wolt nach dem keñtlin mit bruntz greiffen / das jm zůr fallen daher gestelt wz. Aber der gůt Peter von Halberstat zuckt es jm / sagt er solt jhm das keñtlein stehen lassen / es were Cardobenedicten wein darinnen / auch wer der wein nit für jn / dann er were bitter / der Juncker hett sie selbs damit versorget / darumb wolten sie jn auch jnen selbst behalten. Der gůt Euclio erdacht einen andern siñ / sprach / man solt jm den wein zůuersuchen geben / wenn er ein mal in denselben

selbē keller kē/da die kreuterwein in wee-
ren/ wolt er jnen wider mittheilen. Sie
schlůgens jm auch ab/ stellten doch das
vollgebruntzt keñtlin auff die wart. Er
erwůscht bald dz keñtlin vō tisch/vnnd
saufft's in d eil gar schier gantz auß. So
bald hett ers nit getruncken/ er will zůr
thůr auß/so stosset jhm der wein auff/er
speyt den Saal voll/ vñ dem Junckern
für sein tisch/vermeynt nit anderst/dañ
der Cardobenedicten wein wolt jm das
hertz abstossen. Jederman erschrack/die
Reuter aber/ als die solcher schalckheit
vrsach warē/ vñ dessen wissens hetten/
lachten. Der Edelman fragt/Was das
für ein handel wer? Die Reuter erzelten
den handel/ wie er jnen vñ dem anderen
gesind/ gewohnt wer zůthůn/wenn sie
am tisch werē/ so wer jr wein nit frey/er
schmeichlet sich herzů/ vñ trünck jhnen
denselben auß/ darum̃ hetten sie jm den
trunck gemacht vñ gebifft/auch jn vber
redt/es were Cardobenedicten wein. Al
so hett er die bon funden. Der Edelman
was wol zůfriden/ fragt jn/ Wie jm der
Cardobenedictē wein geschmeckt hett?
Sagt

Sagt er: Es were jm nit anderst gewesen/ dann er cytel klaren bruntz getrucken/ vnd jm noch nit anderst. Der Edelmann sprach: Ein ander mal solt er jedem sein trinckgeschirr zů friden/ vnnd sich mit dem seinen benůgen lassen/ dañ dieser Cardobenedicten wein sey jhm zů starck/ wenn er so vngebůrlich dauon speisen wolt/ vnnd jhn darnach verachten/ sagen/ er schmeckt wie bruntz.

Von einem Artzet/ der mit sechs Pillulen einen verlornen Esel wider fand.

AVff der Kirchweyhe zů Iring im Breyßgaw/ was ein Zanbrecher/ Triackers mann/ mit wurmsamen/ pillulen/ puluer fürs zanwehe/ purgatzen/ Entzian/ Reubarbaren/ rc. vnnd anderem vil geschmeiß/ hat vnnd fürt den gantzen tag ein groß vñ vbels geschrey vñ vnnütz geschwetz/ wie dañ deren landbescheisser gebrauch vnd gewonheit ist. Sagt: er hett etliche pillulen/

len / die weren für allen bresten gůt / die einen vber 20. jar ankommen solten. Er lößt vil gelts / betrog das volck dapffer. Wie also vil leut vmb jhn stunden / sein geschwetz vñ liegen zůhörten / so kompt auch ein gůter deyger Brůder / der seine

fünffsinn het biß auff siben / dañ er war zwo hindersich schuldig / der sagt: O lieber meister / ich wolt euch bittē / ich hab nün wol 14. tag ein Esel / so ein froñes / hübsches thiet verloren gehabt / hab jn lang gesucht / vnnd kan jhn nicht wider finden / ob jhr etwas hetten / das jhr mir

geben

geben köndten / damit ich den armen Esel wider vberkomme / ich wolts euch wol bezalen. Der leutbescheisser sagt: Ja freilich / lieber freundt / ich kan euch wol helffen / da hab ich güte bewärte Pillulen / die kommen von Arsenica / aller hinderst in der Welt herfür / haben krafft die augen zů öffnen / die sinn zů scherpffen / vnnd wann ein ding verloren ist / so findet mans wider / deren Pillulen müssen jhr hinnach zů abend sechs schlucken / darauff zů nacht essen / vnnd ein gůt maß starcks firnen Weins darauff trincken / so nimpts den Pillulen jhren geschmack / darnach nider legen / das Beth voll schwitzen / morgens frü auffstehen / vnnd eweren Esel suchen / so werdet jhr jhn ohne zweiffel finden. Der gůt Jockel ließ sich bereden / bezalt jhm die sechs Pillulen / nam sie abends ein / soffe den firnen Wein drauff / legt sich nider / ward also schwach / dz er meynet die Esels Pillulen würden jhm den garauß machen / ehe sie in die würckung kemen. Darnach schwitzet er die vbergehenden nacht / das beth / die kammer /

vnd

vnd die küssen also voll / das die Fraw morgens genůg auß zů fegen vnnd zů weschen hette / (das was ein starcker schweyß.) Wie schwach er dañocht ware / so stund er morgens auff / vnnd sucht seinen Esel / wie jhm der kelberartzt gesagt hett. Wie er also auff einer grůnen wisen ist / so kompt jhm das puttelwehe vnnd die vnuernunfft im leib wider an / also das er sich reuspern můßt / lauffet bald hinder ein hecken / so sicht er on geferde seinen lieben Esel daselbst weyden gehen. Er behend zům Esel / sitzt darauff / reytet gar frőlich heim / vnnd sagt jederman von dises Artztes kunst / der jhm also starcke Pillulen geben / die jhm die augen geőffnet / die sinn gescherpfet haben / also dz er seinen lieben Esel den er also lang gesuchet / nit sehen kőnnen / biß auff denselben tag. Sie seyen auch also bewert / das sie solche verlorne Esel wider finden vnd bringen kőnnen / die in vierzehen tagen nie gesehen worden seind.

Es wolt einer tausent gulden geben/ das man jn in aller Welt kandte.

EIn sehr reicher / aber stoltzer hoffertiger mensch / was zů Florentz / der alles thet was jn gelust vnd jm wol gefiel / kein schand noch laster vbersahe er. Der sprach eins mals zů einem seiner nahen verwandten vnd freunden / er wolt Tausent gulden darumb geben / dz man jhn in der gantzen Welt kandte. Darauff gab jhm derselb sein freund zů antwort: Es were (sagt er) besser / das du dich zwey tausent gulden nit dauren liessest / vnnd gůten fleiß ankertest / mit deiner weiß die du fürst / das dich gar niemands kennte. Dann so bald man dich kennen lernet / wirst du vil mehr schand vnd laster / dann růhms vnd lobs erholen vnnd erjagen werden. Es ist nit allzeit gůt / das man einen zů wol kennt / man kaufft jhn dester weniger. Ja warlich / dann es wolt auff ein zeit einer das man jhn lernete kennen / vnd

vnd von jm vil zůsagen wůste / der schiß zů Bern im Schweitzerlãd in alle springende brunnen / vnnd beschiß die rören dazů. Er ward begriffen vnd ertrenckt / bedorfft gar kein tausent guldẽ geben / das man jn kennen lernte.

Von einer tochter / die jhrer Můtter in allweg nachschlůg.

ZV Straubing im Beyerlandt / gab ein Bader einem jungen gesellen seine tochter zů der Ehe / die wolte nicht schneiden / sie tratt täglich mit dem hindern auß dem gestell. Wenn sie dann der Mann niendert zů finden wuste / so sucht er sie im Pfarrhof / dann der Pfarrherr hatte zween Junger starcker Caplän / daselbst fandt er sie. Der gůte Mann kunds vnnd mochts in die harr nicht mehr geleiden oder gedulden / klagets seinem schweher / bath jhn / er solte die tochter wider zů jhm nemmen / oder er wölt sich von jr scheiden lassen / es were jr re jhr mißhandlung zů vil am tag vnnd offenbar/das er sich sein schåmen můß-te/ꝛc. Der gůt fromm schweher tröstet jn mit gantz freundtlichen worten: Lie-ber mein Son saget er zů jhm/ sey gůtes můts/ vbersihe noch zů diser zeit deiner Frawen/ laß sie etwan ein zeitlang jh-rem gebrauch nach/ gůt Leben haben/ du findst doch eben dein theil noch vbe-rig gnůg. Es wirdt aber die zeit kom-men/ das sie sich dessen alles wider ab-thůn/ vnd zů weiblicher zucht vnnd er-barkeit sich richten wirdt. Zů gleicher-weiß jre Můtter auch gethan hat/mei-ne liebe haußfraw/ welche/ als sie noch jung/ vnd in jhrem blůenden alter war/ da hat sie solche hendel alle vollbracht/ vnnd hat mir auch nichts geschadet/ dann ich was lieb vnnd werdt bey den Edlen vnnd der Priesterschafft gehal-ten/ allein darumb das ich vbersehē mo-chte/ vnnd hett ich dannoch genůg für mich. Jetzund nůn sie alt worden/ ist sie vnder die frömsten frawē gezelt die hie sind/man thůt jr auch zucht vn̄ ehr an. Dise hoffnung sollest du gewiß von dei-

ner

ner frawen auch habẽ/so du noch etlich jar gedultig bleibst / dann griß schlecht gern gramen nach.

Von zweyen bösen zanckechten weibern.

ZWo böser hadermetzen / vnnd zänckischer Vetteln/warẽ zů Straßburg im dommenloch daheim / die kamen auff ein zeit von wegen etlicher wollen / so eine der andern solt genommen haben / aneinander/vnd breunten einander auff den kernen auß. Die / so die Woll verloren/ saget zů der andern: Du bist ein verlorne Hůr/ein dlebin dazů/du hast mir mein woll gestoln. Sprache die ander: Du bist ein Diebin/ ein landts Hůr / ein Pfaffen Hůr / vnd ein münchs Hůr/ du hast mer mañ gehabt/ dañ die Pfaffen in der Fastẽ biß Ostern miserere betten. Darauff die erst wider sagt: Du bist ein solche miserere hůr/ du hast mehr Ertzknappen / blotzbrüder / kämmetfäger / vnnd bippaper gehabt/ dann die Pfaffen zwischen Ostern vnd

 Pfingsten/

pfingsten/ Alleluia singen. Vnnd sichst du es/ wenn du nochalso ein grosse Hůr vnd Diebin werest/ so binn ich dannoch eben als ehrlich/ vnd als gůt als du bist. Darumb so richt dich darnach/ du můst mir die Woll bezalen/ oder ich will dich an dem Stockgericht fürnemmen. Also was vnd bleib eine eben als gůt als die ander/ hetten alle beyd einander nichts zů verweissen. Ich gedenck der Richter am Stockgericht habe die Woll selbs bezalet.

Von eim der seiner gemein gauch erhielt/ vnnd jhm der wolff ein pferdt darüber fraß.

Nicht weit von Justingen/ ligt ein Dorff/ das wirt Mündingen genannt/ darinn waren vorzeiten gar gůte/ fromme/ einfeltige Leüt/ (jetzunder sind sie baß abgerieben) deren Burger einer ritt auff eine zeit gen Ehingen auff ein marckt/ vnd im heym her

her reitten/sicht er im Mündiger bahn/ ein frembden gauch auff einem Baum/ mit jrem gemeinen gauch ein scharmützel halten / dann sie vor ein güte weil von zweyen beumen/wider einander gegückt hetten. Wie aber der güt einfeltig Baur vonn Mündigen sahe/das jener frembder Gauch dem Mündiger Gauch mit dem gucken vberlegē was/ zü zeitē 15. oder 16. guck guck mer guckt dann jr gemeiner gauch zü Mündigen/ warde der Baur zornig/ von seim pferd ab/stiege auff den baum zü seim gauch/ vnd halff jm gucken/also lang vnd viel/ biß der frembde gauch weichen müste/ vnd vberwunden was. Jn der zeit dieweil Hans wurst von Mündigen / auff dem baum sitzt/vnnd dapffer mit jhrem gauch hilfft gucken. So komt ein wolff vnnd frißt jhme sein pferdt vnder dem baum/noch wolt er nicht herab/so lang vnd viel/ biß der frembd gauch gar verjaget was / Darumb müßt er darnach zü fuß heym gehen / So balde er heym kompt läßt er der Gemeine züsammen klopffen/erzelt jhnen / was er vonn wegen des gemeinen nutz für ehr vñ rům/ mit deren von Justingen gauch begangen hett/nemlich/das er jrem gemeinen gauch / gegen deren vonn Justingen gauch hilff vnnd beystand gethon. Hergegen aber/hab er nit ein kleinen schaden erlitten/dann dieweil er in dem grösten ernst vnnd handel mit dem frembden gauch gewesen / so seye jm sein gůter graman von einem Wolff gefressen/ das wolte er jhnen also angezeiget haben/Ob sie/die gemein/jm zů eim anderen Pferdt / wider zů steuwer kommen wolten. Da nůn der Schultheyß/ gericht vnd gemeinde zů Mündigen / jres mitburgers rede vernommen/ haben sie vnbillich geachtet/das einer der so fleissig vnnd ernstlich der gantzen gemeinde wolfart/ehr vnd freyheit bedenckt/ dessen schaden leiden solt. Haben darauff mit einhelliger stim̃ beschlossen / das jm auß den gemeinen gefellen/ (dieweil er sich der gemein halben / so streng vnnd wol gehalten /) ein ander pferdt gekauffet werden solle. Also ist derselbe strenge Bawer hernach sehr hoch bey

jhnen

jhnen gehalten / vnnd der gauchritter genannt worden.

Von einem der niemands dann seines Vatters Narr wolt sein.

IN der stadt Keyserßperg / was ein Schůlmeister / in den künsten ein freyer / geschickter / gelehrter Mann / In weiß / geberden / wörten / vnd wercken aber grob / wůst vnnd vnflätig / also / das mann jm Wůst den namen gab / was sonst Paulus geheyssen. Dieser Paulus Wůst / warde auff eine zeit von wegen seiner Närrischen zoten vnnd bossen / die er morgends / abends vnnd alle zeit reissen thet / auch zů weilen sehr vnflätig was / vonn einem Fürsten angeredt / er solt sein hofgesind vnd diener werden / sölte alle mal also gůte Närrische bossen zů tag bringen. Neyn sprach Paulus Wůst / Genediger Herr / mein Vatter hat jhm selbs ein eigenen Narren gemacht / will Ewer F. G.

 auch

auch einen haben / so mache sie jhr selbs auch einē eignen narren / wie er gethon hat. Glaubt E. F. G. das es on schnauffen sey zů gangen / da ich gemacht bin worden / das würde ich nimmer mehr glauben / dann jederman saget / ich sey wol als ein grosser vnflat / Ist damit abgescheiden.

Von einem reichen Pfarrherrn / der sagt / man solte Gott nicht zů viel vertrawen.

ZV Zwickaw im Land zů Meissen was eins mals ein Pfarrherr / ein fast geitziger / reicher Mann. Zů dē ein Magister von Leipzig kam / lag bey jhm vber nacht. Der Pfarrherr lud dē Magistro gest zů gefallen / Also vber dem nacht imbis disputierten die zween mit einander / vnd was das die disputation / Das geitzigkeit vnd reichthumb / ein grosse hindernuß des ewigen lebens seye / wie dann Christus allwegen / die reich-

reichtumb der Welt veracht vnnd verschmäht hat/jren allezeit hoch zů wider gewesen. Dañ er sagt/ welcher wolt sein Diener sein/ der solt alle ding verlassen/ vnd jm nachuolgen/ꝛc. Dēnach aber vil der gest dem Magistro zůstimpten/ So wirt der Pfarrherr bewegt/ sprechende: Ja lieber Herr/jr sagt recht dauō/Christus hat die Reichthumb gůt zů verschmehen vnnd zů verachten gehabt/er hat jhr nicht bedörfft/ hett er aber auch alle ding dermassen müssen kauffen/als ich alle tag thůn můß /er hette gewißlich diese wort nicht geredet. Der Magister antwortet vnnd saget: Man soll GOtt wol vertrawen/ vnnd alle steiffe hoffnung in jhn haben/ wie die heiligen Apostel vnd Martirer gethon/ so würde er niemandts verlassen/ die er auch allen Menschen thůt so jhn anrůffen/ vnnd jr vertrawen in jn setzen. Ja freylich/ sagt der Pfarrherr/ ich bin mit solchem wol vertrawen offt vnnd dick betrogen worden/also/ das ich mich vielmalen nicht gewußt habe des bitteren hungers zů erweren/biß ich mich dahin

 schickt/

schickt/das ich für mich selbs zinß/gült/acker/matten/hauß/hof/ vnd ein zimliche narung von barē gelt gehabt/vnd zůwegen bracht habe. Des gůten vertrawens halben/dauon jhr Herr Magister reden/ were ich zehen mal hungers gestorben. Darum̄ sagt er weiter/so soll gar niemands mit einem rath / Gott zů viel vertrawen / ich wils auch selbs nit thůn / dann er hat deßhalben manchen bedügt. Ob er schon gleich zů zeiten eim auß nöten (der jm so wol vertrawt) hilffet / so kompt er doch also spat darmit/ das eim zeit vnd weil zůlang wirt/bringets eim eben zů lieb / es schlügs einer senffter auß einem herten kißlingstein. Derhalben vertraw jm wer da wöll/ ich bin gewitziget worden/vnd vertraw jm so vil als ich mag. Damit hat die disputation ein ende genommen / vnnd wölt der Pfarrherr Gott nit zů viel vertrawen/warnet auch andere leut dauor.

Von einem Lantzknecht der einem alten Münch beicht.

Zů Cölln

ZV Cölln beicht ein Lantzknecht/ bey Keyser Maximiliani zeitten / einem gar Alten Barfüser Münch/ vnnd bekannt vnder anderem / er were mit einer Nunnen zů acker gefaren. Der gůt Herr erschrack dessen vbel/meinet nicht anders/ dann es were ein verschnittene Mor oder Schwein /warde entrüst/redet dem Lantzknecht vbel / er were ein kätzer/er wolt vnnd köndt jhn nicht absoluieren. Herr saget der Lantzknecht/jr jrret euch / es ist kein thier / es ist ein Christē Mensch vnd ein Klosterfraw gewesen / etwan auff 22. Jar alt/ in meinem heymat nennet man sie nicht anders dañ Nunnen. Bald das der gůt alt Herr hört / sagt er in Latein: Fortiter in eam/vnd hůb an hertzlich zů weynen. Der Lantzknecht sagt: Herr warumb weynt jr/last mich klagē/ich bin der so dz gethon hat/vñ ist dazů vilmaln beschehen? Ey sagt der gůt Alt Vatter/so es ein weib ist gewesen/so ists recht/vnd nit vbel gehandlet. Ich aber můß klagē/erbarm mich auch selber dz ich so gar nichts nutz darzu bin/ es hat mir nůn

mehr

mehr dann 30. Jar gefehlet/ darumb wöllen sie mich zů keinē Confessor mehr haben. Also hat der gůt Alte Herr den Lantzknecht absoluieret vnnd ziehen lassen.

Von einem Bauren/ der ein schwein wolte mesten.

EIN armer bawer wonet bey Villingē auff dē Schwartzwald/ der was nicht gar durch einhin witzig. Dieser Bawer überkam einmal ein junge saw/ die er mit arbeitē gewunnen hatte/ die wolte er mesten/ gabe jhr doch ein tag nit mehr dann zweymal/ vnnd dannoch nicht viel zů essen/ dann er hett leyder nit vil. Die saw wolte nit feyßt werden/ oder zůlegen/ sonder warde je lenger je mågerer/ vñ ellender. Der Bawer warde vnlustig vber die saw/ klagets seinem nachbawern der neben jm auff eim hof saß. Der nachbawr sahe die saw / sagt / er můßt jhr ander essen/

auch

auch besser vnnd öffter im tag geben/ oder er würde sein lebtag kein feißte saw darauß erziehen mögen. Das ist mir/ sprach der Bawer/ nit gelegen/ das ich jhr anders dann wie bißher/ oder mehr dañ zweymal im tag zů essen geben wil. Ich bin ein mensch/ thů ein gantzen tage grosse arbeit/ vnnd iß nicht mehr als zweymal im tage. Die saw aber/ thůt nichts dann fressen vnd schlaaffen/ ißt auch zweymal im tag darzů. Vnnd ich solt jhr noch mehr vnnd öffter zů essen gebē? Ich merck wol/ ich solt oder müst sie müssig gehn baß halten/ das sie nůr zů fressen vnd zů schlaaffen hette/ dann mich selbs/ vnd bin ich ein mensch/ vnd das ein vnuernünfftig viehe/ dessen bin ich noch vnbedacht. Inn einem solchen grimmen erwůscht der Bawer ein axt/ vnd schlůg die saw an kopff/ vnnd fraß sie also dürr vnd mager.

Von einem Stationierer mit S. Sebastians brůderschafft.

Von

VOn wegen S. Sebastians Brůderschafft zohe ein mal ein Questionierer von Worms den Rein ab in alle flecken vnnd dörffer/ da geilt vnd stationiert er nach seinem besten vermögen. Demnach ist er gen Oppenheim komen daselbs hůb er vil gelts auff/dañ er thet ein lang predig vñ striche S. Sebastiã sehr wol herauß. Nach essens fraget jn ein Geistlicher Herr gar freundlich/dē sein predigen so wol gefallē hett/wz doch sein jar besoldung wer/ mit der Quest also vmb zů ziehen? Der Questionierer antwort: Die brůderschafft zů Worms geb jm 20. gulden zů lohn/sampt essen vnd trincken/vnd das pferd. Sagt der gůt Herr: Es nē vil reittens/predigens/ vnd mancher hand herbergē durch dz jar/ es wer vil zů wenig/ er wůst sich nit mit einē sochen schlechten lon/zů betragen. Darauff sprach der Questionierer: Wolã lieber Herr es sind mancherhand begangen schafften auff erdtrich/es můß sich mancher auch wũderbarlich erneren/ ich behilff mich also mit den 20. gulden/ vnd wz ich mir selbs

dazů

dazů behalt/ abtrag vnd stil/dz ist auch mein. Es ist warlich ein gůtiger freundlicher heilig S. Sebastian/so offt ich im jar mit jm rechne / vnd zwischen beyden vns abteile/ ich stel oder neme von seinē teil als vil ich wöll / so nimpt er für gůt/ vn̄ schweigt. Kündt ich mit dē pflegern der brůderschafft zů Wormbs / als wol als mit jhm naher komen/ich wölte kein Goldschmit dafür sein. Doch aber vergiß ich mein auch nicht gar/2c. Jch gedenck alle Questionierer haben den sin̄/ wil doch niemand im verdacht haben.

Ein Pfaff zeret zu abend/ vnnd schisse hinder den Ofen.

ZWeen tag vor Weyhenachten kam zů straßburg/ein grober/toller Pfaff / genannt Pfaff Holch / zůr Lungen/ins Würtshauß/wolt ein halb mäßlin weins trincken/ vnd sich wermen(dañ er hielt nit selber hauß.)Er zechte allgemach/so nim̄t der würt ein hafe/ vnd

vnd bruntzt jhn hinder dem offen in der stuben vor dem Pfaffen gar voll / vnnd stellt jn bey dẽ Pfaffen vnder die banck / das der rauch fein vbersich dem Pfaffen in die nasen gieng. Der Pfaff fraget / Was der vnlust bedeute? Der Wirt saget: Er wölt ein letze hinder jhm lassen / er müst auff den morgendẽ tag außziehen / er würde in die Wantzenaw kommen / vnd da würtschafft halten. Pfaff holch schweig / gedachte / ich will dich mit gleicher Müntz bezalen. So bald der Würt auß der stuben kompt / schofiert der Pfaff am aller warmesten hinder den ofen / da der Würt in den hafen gebruntzt hett / setzet sich wider nider / nam sich nichts an. In dem kompt der Würt wider inn die stub gegangen / schmackt den braten hinder dem ofen / (dann es stancke sehr bitterlich vbel in der stuben.) Er was schellig vber den Pfaffen / fraget / warumb er jhm inn die stuben geschissen hett / vnd dazů hinder den ofen an das aller wermist orth / ein solchen gestanck gemacht? Der Pfaff sagt: Darumb das du morgen wilt weichen /

chen/so hastu dein hafen hinder dem Ofen voll gebruntzt/ vnnd mir für die naß gestellt/ das ich jhn schmecken sol. Darumb aber das ich nicht wil mit meinem weichen warten biß morgen/sonder wil jetzunder weichen/ so hab ich gar hinder den Ofen gehofiert/schmeckt er dir nit/ so trag jhn herauß/vnnd zeuch darnach auß/ wenn du wilt/ hiemit gieng Pfaff Holch seine straaß (es hette jhm gleich golten/ob er sich mit dem Würt hett sollen hauten oder nicht/) vnnd ließ den dreck hinder dem Ofen am warmen ligen. Das ist korn vmb saltz geben.

Ein vngelerter Pfaff/gab den Bawren ein Bein von einem todten Esel für heilthumb zů küssen für die Pestilentz.

IM Würtzburger Bisumb saß ein vngelehrter verwenter Pfaff/auff dem Odenwald/bey

Halbrunn auff einem Dorff / der hette ein gar kleins pfründlin / darauff er sich mit seiner schwester basen / nicht wol erneren mocht. Er was auch so gelehrt oder geschickt / das man jm kein andere pfarr vertrawen dorfft / müßte sich damit benügen lassen (wolte er nicht gar betteleu gehn.) Eben in der selben zeit da kam ein grosser sterben in das Dorff. Das gůt einfältig Pecus / oder Dorffpfaff / nam ein bein von eine̅ geschunde̅ alten Esel / ließ es jm in ein Monstrantz fassen vnd verglasen / fürte das mit jhm in die Dörffer vnd Flecken herumbher / prediget es wer ein Heilthumb von S. Rochus / vnnd welches Mensch das Heilthumb küste / das were dasselbige jar der Pestilentz frey / ob es sie schon vberkäm / so stürbe es doch nicht daran. Mit solchem liegen / betriegen vnd bescheisserey / derselbige Pfaff inn kurtzer zeit von den einfeltigen bawren gar vil gelts zůsammen bracht / vnnd gesamlet hat. Zůletzt ward die sach dem Official fürgebracht / der beschicket jn / strafft vnnd warnet jhn / zeiget jhm an / das

solche

solche vnd dergleichen ding abgöttisch weren / fürten das einfeltige volck inn ein falschen glauben/ derhalben solte er von dem schändlichen wesen abstehen / oder er / der Official/würde diese handlung für den Bischoff vonn Würtzburg selbs bringen müssen. Der Pfarrherr was vnerschrocken/gab kurtz antwort/ sprach: Ich hab den Bawren recht gesaget/welcher das Heilthumb küsse/der sey diß Jar vor der Pestilentz sicher. Es haben auch die Bawren nür das glaß gelecket vnnd geküsset/ vnnd nicht das Heilthumb / Ich wolte sie ehe alle dem Teuffel zům newen Jar schencken/ ehe ich sie mir mein Heilthumb liesse küssen. Wenn sie mich im hindern vierteil küssen wolten/ich wolt jhnen nicht heben. Aber euch Herr Official will ich folgen/ ich hab sie auff das mal genůg beschissen/ gieng wider heym/schütt das Heilthumb vonn dem alten geschundenen Esel wider auß/hett sich bey dem Ablaß wol gewermet.

Die Garten

Von einem Bawren/ der seinen Pfarrherrn vber studiert.

EIN grosser Speyuogel wonet im Westerreich zů Sarbrucken/ der saget eins mals/ zů dem Pfarrherr oder Kirchherrn daselbst: Er hette einen Esel daheym/ der wer witziger dann er der Pfarrherr. Item/ Gott der HErr thet alles das jhenige/ das er (der burger) wolte. So hette er auch das Himelreich bey jhm in seinem hauß daheym. Da der Kirchherr diese reden hört/ ward er erzürnt vber den burger/ sprach/ er were ein ketzer/ vnnd ein abtrünniger abglauben/ vermeynet auch/ es were ein grosse verletzung seiner Ehren/ das er ein Esel ein vnuernünfftig thier/ weiser vnnd verstendiger sagte/ dann ein Mensch/ nemlich jhn/ so sein Pfarrherr were/ verklaget jhn also vor des Grafen von Nassaws räthen. Der burger ward für gefordert. Der Pfarrherr klaget jn an/ dieser solt antworten.

Kurtz

Kurtz bedacht/ saget er: Die drey stück/ gnedigen Herrn/ so ich gesaget/ die sind waar/ darüber solt jhr vrtheil sprechen. Jst jm nicht also/ lieben Herrn? Jch hab daheym in meinem hauß/ Vatter vnnd Můtter/ die erziehe vnnd erhalte ich/ dann sie sind beyde blindt/ hören auch nicht wol. Nůn bin ich je jhr Son/ darumb sage ich billich/ nach der heiligen geschrifft/ das ich das Himmelreich inn meinem hauß hab/ dann thete ichs nit/ so hett ich die Hell vnd den Teufel darumb/ vnnd thet dazů wider das gebott GOTtes. Am andern das ich gesaget hab/ das Gott alles das thůt/ das ich will/ hoff ich wol geredt haben. Jch bette jhe im Vatter vnser/ sein will sol auff Erden wie in den Himmeln beschehen/ darbey laß ichs bleiben/ vnnd alles das er schafft vnnd thůt/ das will ich/ vnnd soll es auch wöllen/ es dunckt mich dazů alle zeit das aller beste sein. Den dritten puncten/ der vnsern Pfarrherrn so hoch bemůhet/ vermeynet damit seiner ehren verletzt zů sein/ den hab ich geredet/ aber gar keins wegs zům nachtheil seiner Priesterlichen würd / nicht seines lobs geschickligkeit oder ehren / dañ wie ich geredet hab / mein Esel sey witziger dañ vnser Pfarrherr / ist war. Wenn ich meinen Esel vber die trencke füre oder treib / so trinckt er nit mer / dann eben so vil jn dürst / zeucht wider heym / darũber ließ er sich ehe todtschlagen / ehe er ein trũck mehr thet. Vnser Pfarrherr aber / wirdt zů zeiten also truncken / das er nit gehn kan / er weyß auch sein eigen hauß nit / etwan můß man jhn heym füren / zů zeiten můß man jn gar heym tragen / vnd in sonderheit weñ er bey E. G. meinen G. Herrn zů zeiten ist / desselben werden mir E. G. gůte zeugen sein. Darum̃ beger vnd bitte ich seiner klag ledig erkannt zů werden / ich habs im besten geredt / vnd niemands zům nachtheil seines lobs / rhůms vnd ehren gethon. Diser reden lachten die Räth / erkannten / der Burger hette sich wol verantwort / vertrůgen die sach gůtlich vnd freundlich mit Wein / ward also der Pfarrherr vnd Burger vertragen / vnd bleib jeder / der er vor auch war.

Von eines Bawren Son der auff die Faßnacht zům Wein was gangen.

ZV Riedlingen was ein junger starcker gesell/ eins bawren son/ der sein lebtag nit vil weins getruncke͂ hett/ der gienge auff die Faßnacht mit andern jungen gesellen zům Wein. Diesweil er aber des Weins nicht gewonet/ ward er bald truncken/ also/ dz er gantz vnd gar auff Welsch angethon warde/ das er weder kopff/ hend noch füß regen oder heben kondte oder mochte. Da namen jhn seine gesellen/ vnd trůgen jn in seiner Můtter hauß. Wie sie jn also daher bringen/ vnd er die Můtter ersicht/ spricht er: Schaw liebe Můtter/ wie ich also wol begleitet daher fahr. O liebe Můtter/ danck dene͂ allensampt/ das sie mich also herꝛlich daher tragen/ ein solche ehr ist mir all mein lebtag nie beschinen/ ich wils mehr mit jn versuchen. Die můtter was leydig/ dz jr son also truncke͂ was/dancket denen/das sie jn gebracht hetten/damit jm nichts beschehen were. Also zogen sie wider in das Würtshauß/vnnd richten die handlung vollends auß/gienge jhnen hernach/wie es diesem vor gangen was.

Ein Bawer hett groß leyd vmb sein Weib vnnd Kind/ die jhm gestorben waren.

INDen am Pilatus berg bey Lutzern im Schweitzerland/hie jhenseit des lucerners See/da liget ein Dorff das heyßt Horb/da saß ein Bawer jnnen/der die Leuthe vber See gen Vnderwalden zůr alten stadt fürte/sich auch darmit ernehrte. Eins mals kam ein schwerer sterben inn das land. Der Bawer hatte fünff Kinder/vnnd ein schöne haußfraw/die jhm sehr lieb was. Sie lebten auch freundtlich/friedlich vnd wol mit einander. Die kinder wurden jm kranck/sturben jm alle/

die

die Fraw bekümmert sich so faßt vmb die kinder/das sie auch kranck ward/ vber drey tag warde sie auch Todt. Der gůt fromm Mann ward gar leidig/ ließ sie begraben gieng gen Lutzern wachs zů kauffen/ dem Weib vnnd Kinderen

jhre Gottesrecht zů thůn. Zů Lutzern begegnet jhm einer seiner gůten freund auff der Rüßbrucken/ der klagt/ ermanet vnnd tröstet jhn/das er sein hertz zů růwen setzē solt/dieweil es Gott der Allmechtig je also geschickt hett/ so köndte ers doch nicht anders machen. Der gůt betrübt Mann bedachte sich ein weil/ sagte darnach mit betrübtem hertzen: Ich müß wol die sache lassen güt sein/ dann ich weyß oder kans nicht anderst machen. Aber ich hab alle meine tag gehört/ alles das so einē in sonderheit lieb ist/ das füre der Teuffel an dem aller ersten hinweg. Vnnd gieng damit sein straß also leydig.

Mit vnserm HErrgott kriegt ein Bawer vmb des Wetters willen/ das er nit häw machen kondt.

IN dem Dorff Stantz zů Vnderwalden/ da wolte ein Bawer im Häwmonat auff ein Sonnscheinenden tag sein häw trocken machen/ vnnd in den stadel thůn/ er hatt gar viel mäyen lassen. Da fieng das wetter vnd der Himmel an dunckel zů sein/ das zů besorgen es würde regenen werden. Vber zween Tag erzeiget sich das wetter aber ter aber schön. Der Bawer außhin/dörret es/machts zů hauffen/wils am dritten tag einfüren / so facht es an zů regnen. Es warde dē Bawern verdriessen/ das er mit dē häw nit einkomen mocht/ sonder abstehen můßt/sprach: Ja lieber Herrgott ich bitt dich/ wollest dich halten/das dir niemandt holdt sey / wie du dich auch warlich jetzunder dise wochen lang genůg angelassen hast. Wiltu nit anderst wittern/so will ich das häw allsammen in die kůfud einhin / verderben vnnd ligen lassen / auch kein hand mehr dran legen/ Gott geb es werd faul oder nit. Der gůt Mañ vermeynt/ Gott solt alleinig auff sein häw achtung gehabt haben/damit es einkomen wer. Solchs ist alles noch in den alten zeiten bey den einfeltigen Schweitzern beschehen/ jetzunder sind sie aber mehr gescheider worden.

Ein bawer klagt dem anderen von seines Vatters todt vnd absterbens wegen.

ZV Sachssen inn dem Dorff/ auch zů Vnderwalden im Schweitzerlandt/ da der selig brůder Clauß hauß gehalten/ auch daselbst inn der kirchen begraben ligt/ da starbe einem burger sein vatter/ zů demselben kompt

einer von Sarnen (wie sie dann Nachbawren vnd eins Lands sind) der was sein Vetter/ vnnd hieß Erny/ der sagte zů dem anderen: Vetter Vly/ Gott geb dir ein gůten Tag. Vly sagt: Danck dir Gott lieber Vetter Erny. Darauff Erny sagt:

ny sagt:

ny sagt: Vetter Vly / es ist mir trewlich leyd / dz dein Etty zů Gott ist gefaren. Danck dir Gott / sagt Vly wider / Wölle Gott das weder du noch alle die deinen nimmer zů Gott kommen. Darauff Erny saget: Wilt du aber deim Etty nicht nach thůn? Vly sagt / Nein. Warumb? fragt Erny. Vly gab zů antwort / Ich wil dir sagen / ist er im Himmel / so darff er sein nichts / ist er in der Hellen / so hilfft es jn nit / ist er in dem fegfewer / so will ich jhn fegen lassen / er můß gleissen wie ein Eisenhůt / so kompt er dester baß gebutzt für vnseren Herꝛ Gott. Also schieden sie beyd von einander / vnnd begeret jhr keiner zů Gott / Vnnd wolt Vly sein Vatter dapffer ballieren vnd fegen lassen / das er hübsch were / wenn er zů Gott keme.

Von einer jungen Frawen / wie sie einem Alten Mann ein antwort gab.

Ein

EIN alter Schmidt was inn dem Kloster Zwifalten / im Wirtenberger land / der gieng auff ein Kirchweyhe. Auff dem wege kame er zů einer jungen Frawen / die was hübsch / freundlich vnd wolgestalt / sonst kondt

sie einem die haab wol an schlagen. Der gůt alte geck greifft sie fein freundtlich an / betast jhr die brüstlein / den bauch / vnd hindern bey dem küssin / vnnd sagt: O liebes frewlin da ligen noch vil starcker kämpff verborgen / die all gehalten

müssen

müssen sein. Das frewlin gab jhm antwort/vnnd sagt: Ja lieber freundt/ ich glaubs/ es müßt oder möcht also beschehē/ jr mögt aber wol dises reñplatz oder thurnir felds müssig stehn/dann jr werdet kein Ritter da werden/auch auff dē stechplatz kein Ritterliche gab oder ehr erholen. Der gůt alt etty nam dē wadel zwischen die bein wie ein hund/zohe widerumb heym/was wol content/hette seine sieben pfennig geholet/die waren jm also bar worden.

Warumb der Edelleut kinder so heßlich/ vnd der Kauffleut vnd burgers kinder so hübsch sind.

ZV Herbst zeit in der Franckforter Meß/ritten etliche kauffleuth mit dem geleit/wolten in die Meß gē Franckfort. Wie sie nů in die herberg kamen/auff den morgen imbiß zů Tisch gesessen waren/ da trieben sie vieler handt schimpffreden vnder einander. Aber vnder anderem saget ein Edelman mann zů einem Kauffmann / Es solte jnen billich schwer anligen / wenn sie also weit reysen theten / vnd die weiber in den stedten hinder jnen müsten lassen / Ob sie nicht sorgeten / das vil hüpscher junger Edelleut vnnd sonst gesellen da werenn / da jeder seiner schantz lüget / vnnd die gůten fräwlein etwan vonn des langen außbleibens wegen / blöd vnd beredt würden / vnd neben den weg tretten möchten. Des selbigen aber weren sie die Edlen überhaben / dann jre frauwen sässen auff den hohen bergen vnd Schlössern / von dē leuten abgesündert / also daß die Menner dessen alles nit besorgen dörfften. Darauff sagt ein Kauffman: Es ist vester Juncker / wol geredt / vnd dörfft sich dennocht zů zeiten also zůtragen. Wolt jr mir aber verzeihen / so wolt ich hiezů auch etwas sagen / doch niemand verletzlich? Ja / sprache der Edelmann / sagt her / es ist doch alles inn schertz geredet. Da sagte der Kauffmann: Es ist ein sprichwort / das die Edelleuth heßliche kinder / vnd die Burger in den stedten hübsche / schöne

kinder

Kinder haben/ was mag die vrsach sein? Der Edelmann saget: Er möchts wol hören. Darauff der Kauffmann geredt: Ich achte bey mir / das diß die vrsach sey/ nemlich wenn wir Kauffleuth also weit in die land reisen/ so kommen dann jhr Junckherrn / die jungen glatten gesellen/ machen kundtschafft mit vnsern Weibern/ biß letztlich ein ernst/ vnd ein vnbillich ropffen darauß wirt/ als denn so werden inn solcher freundtlicheit die allerhübschten Kindlein geborn/ das es eim ein freude gibt / sie sind auch Adelich/ gehorsam/ züchtig vnnd gelernig. Also ziehen wir sie für vnsere Kinder auff/ vnd machen demnach auß denselben Kindern auch Kauffleut / wie wir sind. So jhr Junckherrn aber nicht anheymisch seit/ vnnd den Frawen die zeit zů lang will werden / so müssen sie sich mit den stallknechten/ köchen vnnd kellern behelffen / da werden dann grobe vnnd heßliche kinder darauß/ die ziehen die Junckherrn dann für die jhren / vnd werden demnach Edelleut. Es ist auch nicht eine kleine vrsach / das die Edelleuth der Kauffleut gelt so gern haben/ dann sie meynen es sey billich/ das die kinder jren Vättern jeder zeit behülfflich sein/vnd zů stewer kommen sollend. So sie dann so vnuerstanden sind/ vnnd jhnen nichts geben wöllen/ so schüttlen sie jhnen die täschen/ vnd schlagen jnen die bälg voll/ welches ich gentzlich widerrath. Darumm lieben Junckherrn/ solten jhr euch hierinn baß bedencken/ vnd die Kauffleut nicht also antasten/ das jr nicht zů zeiten etwan eweren eigenen kindern/ schmacheit vnd schaden zůfügen möchten. Mit diesem name das fatzwerck ein end/ vnnd liessen einander fürhin zůfrieden.

Ein Lantzknecht theilt mit einem Münch.

IM Gülcher Land zohe ein armer Lantzknecht daher vber das feld/ vnd hette nicht vberäntzige kleider an/ dem begegnet ein alter Barfüsser Münch/ der trůg viel thůchs/ im

vnd

vnd seinen brüdern zů kutten vnd sonst kleidern. Der Lantzknecht sprach jhm an/ vnnd saget: Herr/ theilen wir nicht mit einander/ jr brauchen das thůch nit alles sammen/ so habt jhr auch noch ein gůte feyßte kutten an/ Jch aber bin nackend vnd bloß? Darumb ist hie kein anders/ wir müssen das thůch mit einander theilen. Der Münch saget: Lieber gesell zeuch du dein straaß/ ich bin eine geistliche Person/ vnd laß mich zu frieden/ ich gib dir nichts. Wie Münch/ spricht der Lantzknecht/ woltestu ein geistlich Mann sein/ vnnd woltest den nackenden nit kleiden/ vnd hast so vil vberiges thůchs? woltestu dich den teufel also verfüren lassen/ das du den befelch Gottes vbertretten soltest/ den nackendē kleiden? Da sey Got vor/ Du solt meinet halben nicht zum Teuffel faren. Jn dem erwüschet er das thůch/ vnd saget zů dem Münch: Jch bedarff nit mer dañ drey ellen/ das vbrig behalt du. Der Münch kund jhm nit widerstehen. Der lantzknecht nam dz thůch/ thets vō einander vnd mass mit seinē halben spieß

drey ellen daruon / es were zů Franck-
fort wol 16. ellen gewesen / wickelet das
zůsammen / zeucht mit daruon. Der
Münch was trawrig / raspet das ander
thůch auch zůsamen / schreyt jm nach
vnnd sprach: Du verloffener Bůb / du
můßt mir das thůch am Jüngsten Tag
bezalen / vnd Gott dem Allmechtigen
antwort darumb geben / des soltu dich
zů mir versehen. Der Landsknecht wen
det sich vmb / vnd geht zů dem Münch /
vnd saget: So du mir also ein lang ge-
raumpt ziel zů der bezalung / biß an den
Jüngsten Tage setzest / so will ich eben
das vberige thůch darzů nemmen / es
kompt doch alles in eine rechnung / ver-
antwortung vñ bezalung. Vnd Münch
zeichne du es daheym vleissig auff / ich
möchte leiden / ich hett das Kloster mit
einander auff diese zilsatzung. Also nam
er jhm das ander thůch auch / vnd zoge
dauon / ließ dem Münch das nachsehen.

Ein Beyerischer Pfaff pre-
diget seinen Bawren.

ZU Osterhofen im Beyerlād/da war ein gar armer vngelerter pfaff/ seine narung ward jm sawer zů bekomen. Auff ein zeit wolt er predigē/klaget sein not/ ward gantz vnd gar vnlustig/sagt: Lieben kinder Christi / ich solte enck das wort Gottes verkünden/ so seit es schändtlich böß bawren / es wölt nichts beten / nichts fasten/nichts opffern auffn Altar/vnd nichts durch Gottes wiln geben/Nemt war/ vber nacht so stirb ich / vnd fahr von mund auff zů dem Allmechtigen/ ewigen GOtt. So spricht er zů mir: Seit mirs Gottwillkhem Herr Hans. So zeuch ich mein baretlin ab/ vnd sprich: Gnad Herr. Alß dann sagt der Allmechtig ewig GOtt: Sihe mein herr Hans/ wo habt es enckher schäffl/die es geweydet habn auffm Erdtrich herunden? Lieber herr Hans/ wo sind enckher arme leut? Sihe mein/ so steh ich vor dem Allmechtigen ewign Gott / als were mir inn dhend gschißn/ der Teuffel hat sie all hinder rucks mir hinweg. Darumb will ich enck endlich sagn / wenn es kein ander weiß wölte

habn/ so sey der Teuffel enck her Seelsor-
ger vnd Pfarrherr / vnnd wil hiemit vr-
laub genommen habn. Also zohe er von
der Pfründ / vnd kam gen filtzhofen/ da
ist er noch.

Wo der lantzknecht woh-
nung sein werd/ wenn sie ge-
sterben.

NACH der grossen schlacht zů
Meyland oder Mariane/ wolten
die erschlagnen lantzknecht auff
der wallstadt bey den Schweitzern nit
ligen bleiben/ vnd wurden räthig/ rich-
ten ein fenlein auff/ das was weiß/ mit
einem roten Creutz/ zohen inn der orde-
nung all der Hellen zů. Als aber die teuf
fel das fenlin vnd das rot Creutz darinn
ersahen/ erschracken sie hart (dann durch
das zeichen ist jhnen vormals die Hell/
vnd sie dazů bestritten worden) verrieg
leten/ verbolwerckten/ versperrten vnd
besetzten die thor/ die wehren/ die pfor-
ten vnnd mauren an allen orten/ vnnd
stellten

stellten sich zůr wehr. Wie aber die lantz knecht daher ziehen / so schiessen die teufel / vnd werffen zů jhnen / sagen: O liebe Männer ziehet auff die recht hand dem himel zů / wir gebn euch kein herberg / lassen euch auch nit ein. Vnd haben damit die lantzknecht den weg gegē dem himel zů gewisen. Die gůten fromen lantzknechte zohen mit jhrem regiment vnd fenlin / inn gůter gehabter ordnung für den himel / begerten man solte sie einlassen. Petrus fragt wer sie wern? Sie sagten / sie weren fromme lantzknecht / vnnd inn der schlacht vor Meyland vmbkomen / begerten einglassen zů werden. Wer hat euch (sagt Petrus) hieher kommen heissen? Ziehet fort / nůr fort / jhr blůtzapffen / dann darumb das jhr in ewerem leben alle zeit den frieden gehasset habt / so ist es nicht billich das jhr die Ewige růw besitzen sollen. Auff solches saget jhr Hauptmann / wo bleiben wir aber hindenach / Inn der Hellen versperret man vnns thür vnnd thor / im Himmel wil man vns nicht ein lassen / nůn můssen wir dennocht auch ein orth haben /

da wir wissen zů bleiben? Jr habet mich (saget Petrus) wol verstanden/ trollt euch fort/ oder jhr werdet bald etwas newes vernemmen/ jhr seit nichts dann Blůthund/ Gottes lesterer/ arme leuth macher/ verflůchte/ verzweifelte/ vnnd Gottloß leut. Da ward jr Hauptmann erzürnet/ vnnd saget inn eim grimmen zů Petro: Was verweyßt der wolff dem Fuchß/ vonn wegen des raubs/ sind sie nicht beyde rauber? Weißt du nit was du gethon hast? deinen Herren/ Meister vnd deinen Gott/ hast du felschlich vnd meineydiglich zům dritten mal verlaugnet vnnd verschworen/ das hat vnser keiner noch gethon/ solches will ich vor allem Himmelischen Heer reden/ das du erger/ meineydiger/ trewloser vnd böser gewesen bist/ weder vnser keiner ist/ vnd wilt vns schenden vnnd schmehen/ vnd darzů nicht einlassen. Nůn můssen wir jhe dannocht wissen/ wo wir hin sollen. Petrus was schamrot worden/ vnd förchte vbel (Dieweil der Hauptmann so laut schrey) das es die andern im Himel hörē würden/ vnd saget zů jnen: Lieben

landslantzknecht seit still vn̄ schweigt/ich wil euch ein eigen Dorff eingeben/ligt aller necist hiebey/das heyßt Beyt ein weil/ daselbst werden mit der zeit noch mehr lantzknecht zů euch kommen/da habt jr ewer wesen allein/köndt spielen/mumschantzen/zechen/vnd frölich sein. Darauff hat sie Petrus vonn stundan gen Beit ein weil gewisen/daselbst haltē sie noch jr regiment. Was auch für Lantzknecht für den Himel komen/die weißt Petrus all gen Beyt ein weil zů dem alten hauffen. Ich glaub es sey jrer jetzund ein grosse menge bey einander.

Von einem andern/der nit in den Himmel wolt/darumb das er vernam/das sein Weib darinnen war.

NIcht lang hernach/da was ein frommer gůter Mann zů Cuma bey Meyland/der all sein tag so lustig gessen hett/das er auch andere leuth mit jhm zů essen lustig macht. Er tranck aber gar nichts. Der gůt Mann starb/es nam jederman wunder/dieweil er so wol alle zeit hett essen mügen/ vnd also schnell gestorben war. Die freundschafft ward räthig/ liessen jn durch die Wundartzt auffschneiden vnd besehen/ da fand man eylff grosser ruckkörb mit brot im leib/ das was also trocken/ das spannen lang schimlig Haar darauff gewachsen was/ vnnd vbersich auff/ jm in die lufftrör vnd kelen gestigen/ vnnd jhn also ersticket (darumb ein jeder gewarnet sein soll/ vnnd acht haben/ wenn er jßt/ das er auch zimlicher massen darzů trinck.) Nůn der gůt mann komt auch für den Himel/ klopffet an/ vnd begeret auch hinein. Petrus wz noch ingedenck/ wie es jm mit den Lantzknechten kürtzlich gangen was/ macht nicht viel wort mit jm/ sonder sagt: Kome lieber freund ich will dich gern einlassen/ vnnd neben deine Frawen setzen/ da soll deine statt sein. So bald der fromb Mañ sein frawen gehört neñen/ sagt er: Jst mein Fraw der böß teuffel darinnen/ so komme oder will ich bey Gott nicht hinein/ ich hab

in allem

in allem meinem leben/nie mit jr zů frieden stellen können/ bin dannoch etwan von jr zů gůten gesellen gangen/jetzunder aber/so ich můssig bin/ vnd ewig neben jr sitzen solte/ wie würde ich da von jr außgebreunt werden? Es ist kein winckel im gantzen himel/da ich mich wüste vor jr sicher zů machen/ sie würde mich finden/ Ja inn das ewig Fegfewer würde ich erst kommen. Neyn/neyn/ lieber Peter mein/sitz du zů jr/ du wirst jr bald genůg haben/ Ich komme in den Himmel nicht/ Aber gen Beyt ein weil/ da wil ich zů den frommen lantzknechten/ da würd ich besser leben haben/ weder bey meiner Taratanthara/ dem bösen hellrigel. Mit diesem ist der gůte fromme Mann gen Beyt ein weil gezogen/ da zecht er noch vnd ist frölich daselbst mit den guten frommen lantzknechten/ vnd begert nit in den himmel/ der teuffel würde jhn sunst mit dem bösen Weib vnd kiffechten wurm/ ewiglich beschissen haben.

Ein

Ein Esel ist gedultiger / dann ein Münch.

AVff ein zeit / zohe ein Prediger Münch bey Pfaffenhofen vber dz feld her / vnd sicht ein Bauren ein gantz schwer geladenen Esel / sehr vbel vnnd vnbarmhertzig schlagen. Der gůt Herr hette ein mitleiden mit dem armen thier / schalt den Bawren / sagt: Was er das arme thier zeihe / das er es also vbel schlůge / vnnd es dannoch so gar schwer darzů geladen were? Der Bawer saget: Münch / was gehet es dich an / der Esel ist also schwer noch nit geladen / er mag vnnd kan alle dein frombkeit / gedult vnd gantze Geistlichkeit deines gantzen Ordens / dazů tragen / vnd soll jm dannocht nicht weh geschehen. Der Münch ward schellig vber den Bawren / hieß jn liegen / vnd redet jhm vbel. Fraget doch zůletzt / wie er das verstehen solte? Darauff der Bawer geantwortet: Darumb das diser Esel vnder dem schweren last /

vnd

vnd wie vbel ich jn darzů schlag / noch nicht widerbollen oder vngedultig ist gewesen. Dann nim̃ waar / ich hab dich nůr ein wenig mit worten vnd der warheit angedast / so heyssest du mich gleich liegen / vnnd balgest mit mir. Ein pfeiff geb ich euch / Lieben Herrn / vmb all ewre gedult vnd geistlichkeit. Denn wenn man dem kind thůt was es will / so weynet es nicht. Also ist es auch mit ewer geistligkeit. Der gůte Herr zohe seine straaß / vnd ließ den Bawren fürter mit dem Esel sein weiß haben.

Von einer Frawen / die nicht wolt das man für jren Mann bitten solt.

ZV Tůbingen was ein gůte fromme / erbare / einfeltige Fraw / die stale einmal jhrem Mann einen hafen mit ancken oder Buttern / trůge den inn das prediger Kloster daselbst / schencket jhn den München / gab jhn dem Prior / befalch

befalch sich damit in jr gebet/vnd gieng wider heym. Vber zween tag kam sie wider in das Kloster zů dē Prior/vnd sagt: O vatter Prior/ich hab mich in ewer gebet befolen/ das solt jr außrichten. Ich bitt euch aber jr solt für meinen mañ nit bitten/auff das ers nit erfar/ ich hab jm warlich den hafen mit dē ancken heimlich abgetragen/das ers nit weyß/vnnd euch geschenckt/ wil euch ein ander man noch ein bringen. Dann ich můß förchten/wo er ewers andachts vnnd des gebets teilhafftig/vnd also iñen würd/das ich jm dē ancken hinderrucks genom̄en/vnd euch geben hett/ würd mich das hellisch fewer/ vnd alle teuffel in der hellen mit jm bescheissen/ dann er ist euch liebē andechtigen Herren nicht so hold als jr meynt. Auff disem gůten wohn/ hat der vatter Prior/ die fraw in jrem andacht heym gehn lassen. Die gůt fraw vermeinet/jr mañ würd durch dz andechtig gebet der Münch innen werdē/ das sie jm den hafen mit ancken gestolen vnd den Münch geschenckt hette. O ein grosser andacht/ich wolt euch beten dz mir eins

ein

ein hafen mit dē ancken schenckte/wolt jm dannoch ein Creutzer herauß geben.

Von einem groben vngehobleten Bawren.

EIn schloß lag hoch auff einem berg/vnd vnden ein Dorff daran/ gehöret zů dem Schloß/darauff saß ein Wittfraw/die das Schloß vnd Dorff Wittwens weiß besaß vnnd innhielt. Zů deren kam eins mals jres Meyers son in dem Dorff/vnd bracht jr öpffel. Sie fragt/Lieber son/was thut der Vatter?

Vatter? Er sagt: Ich weyß nicht/ich glaub er fürt mist auff die äcker/dann er ist daniden im dreck biß an die knye gestanden vnnd mist geladen. Die fraw sagt/ du bist ein grobes höltzlin/ wañ du so vnflätig reden woltest/ so soltest vor sagen/ Mit vrlaub fraw. Sitz nider jetzund/ jß vnd trinck/ vnd geh deñ wider heym. Er saß nider/ aß vnnd tranck. Die fraw manet jn/ das er dapffer essen vnd trinckē solt/ darnach sich wid heym machen. O ja liebe fraw/ sprach er/ ich friß wie ein mor/ vñ sauff wie ein kü. Ey sagt die fraw/ du grober kegel/ es ist doch we der zucht/ weiß noch geberd bey dir/ heiß morgen dein vatter selber herauff kommen/ Er ist nit als vnfletig als du bist. Der güt kerly zoch heym/ hieß den vatter auff morgen zü der frawen komen. Er thets. Die fraw saget jhm wie sein son so ein holdseliger/ züchtiger knecht wer/ sagt/ er solt jn straffen vnd weisen/ das er zucht vnnd vernunfft lernete/ vnnd nicht also ein wüster vnflat were. Ja saget der Bawer: Gnedige fraw/ mein son ist ebē züchtig/ wie ein pferdt

grise

[illegible]sa/das scheißt vnd seicht hinden her-auß. Aber ich binn nicht desto weniger zornig das er also vngezogē ist/ ich wil es jhm auch nicht schencken. Ja wenn ichs jhm nachlaß/ gnedige fraw/ so solt jr mir aller hinderst in das arßloch blasen/ ich wil euch frey still haben. Ey nū blaß dir der Teuffel inn das loch/ saget die Fraw/ dem halt auch still/ du grober schnöder vnflat/ du bist doch vil vnflätiger/ wüster/ vnnd feindseliger/ dann dein son. Wem wolte er billicher nachschlagen/ dañ eben dir? mach dich auch hinweg/ das ich dich nicht mehr sehe/ mit deiner vnfletigen/ wüsten/ groben/ vngereimten weiß. Also zohe der Bawer auch heym/ vnnd was Vatter vnnd Son gleich höflich gewesen/ hetten sich wol gehalten anderthalben tag. Was die alten sungen/ das lerneten die jungen/ ist ein alts Sprüchwort.

Von einem Herren/ der das vbelschweren verbieten wolt lassen.

EIn Fürst / der ein grausamer vnd Strenger Kriegßman was / der ward eins mals vonn seinen Landtpflegern / Vögten vnd Amptleuten angesucht / womit man doch dē vnbillichen schweren vnnd Gotteslestern widerstand thet / das es verbotten vnd gestrafft würde / also welcher weiter zů flůchen / vñ so grausam zů schweren / als Sacrament / Wunden / marter / Fleisch / Blůt / rc. vnsers Herren / gehört / das derselbig mit seim leib oder gelt je nach gelegenheit der schwür / solchs bessern solte. Das anbringen gefiel dem Fürsten wol / vnnd saget: Gotts marter / das ist ein gůt fürnemmen stellet die Artickel / vnnd laßt dieselbigen alß dann mich anhören. So will ich sie Confirmiren vnd bestettigen. Alß nůn die ordnung begriffen ward / vnnd der Herr wider zů Landt kame / brachten die Landtvögt jhm solche gestellte ordnung für. Alß er die gehört / sprach er: (wie er dann ein vngestümmer Kriegischer Mann was) ja warlich es gefellt mir bey Gottes Sacrament die ordnung wol / bey

dem

dem Leyden Gottes / wenn einer diese Artickel vbertritt / so můß er sommer Gottes Herigott dapffer gestraffet werden. Die Landtpfleger sahen einander an / vnnd lächleten zůsammen. So hebet der Herr wider an / vnnd saget: Wo ich nicht zů Landt bin / so gedenckt das jhr vber dieser ordenung steiff haltet / vnnd keim nichts vbersehet / er sey hoch oder niders stands / Reich oder Arm / sie müssen / sommer Gotts tausent Sacrament des Gottes lesterens abstehen / oder nit leibes vnnd gůts gnůg haben. Mit dem ist man von einander gescheiden vnd das schwern verbotten wordē.

Von einem der sein Fraw stettigs ein Hůr schalt / vnd was sie jm darüber zů antwort gab.

ZV Freyburg im Breyßgaw / was ein Dräyer / der hette nůr ein aug / vnd nā ein weib / die er vermeinet ein jungfraw sein. Sie hett sich aber etliche mal vnder den Studenten verkrochen/also/das sie vbel was verwundet worden / es schadet jhr aber am leben nichts. Der Dräyer merckt das er betrogen was / thet stetigs nichts anders dann mit jr zancken/ greinen vnnd

granen/schalt sie ein hür/ vnnd verwiß jr/das sie jhn der jungfrawschafft halben betrogen hette. Sie antwortet einmal/ vnnd sagt: Lieber du schiltst mich für vnd für/vnd verweißt mir viel/ vnd was ists mehr/ was solte dir ein rechte jungfraw / die nicht gebrechlich were/

du bist

du bist doch selbs mangelhafftig/ hast nür ein aug/ vnnd gesichst darzů nicht wol/ dann du schielest am anderen aug? Hiezů antwort der Mann/ solchen schaden hab ich vonn meinen Feinden empfangen. So ist mir/ sagt die fraw/ meines von meinen lieben vnd gůtē freunden/ die mir alles gůtes gegünnet vnnd gethon haben/ beschehen/ ich danck jhnen noch darumb/ das sie mir so gůt geschirr/ ja besser dann du/ gemacht haben. So du dem deinen/ der dir den schaden gethon/ alle plagen vnnd die pestilentz wündschest. Der gůte Mann nam für gůt/ vnnd ließ der frawen jren schaden fürhin vnuerwissen.

Von einer guten Diernen/ wie sich die verantwort.

AN dem Rosenmarckt zů Speyer/ schalt einer ein gůte Tochter/ sprach: Sie wer ein Grosse Hůr. Sie sprach: Das ist nicht waar/ dann mein Mutter ist noch ein grössere Hur gewesen/ die mich in jrem leib getragen hat/ Ich trag aber güter frommer leut kinder auff dem leib/ als bald vmb Gottes willen/ als vmb gelts willen/ darmit jederman geholffen wirdt/ hoffe auch es sey mir geniesslich an meiner selen/ So ist es auch kein todt sünd/ dann ich thůs bey lebendigem leibe. Dieser Barmhertzigkeit můßt du aber nicht theilhafftig werden/ vnd soltestu ewig verdampt sein/ vnnd ob dir dein hertz zerspringen solte/ vnd gienge hinweg mit diesem bescheidt. Ich acht die güte hierin habe gemeint/ als weh es thů/ also sünd sey es auch.

Von einem Burgermeister zů Hechingen/ wie man jn zů Rotenburg nit kennen wolte.

Ein Schůster was Burgermeister zů Hechingen/ der was zů Rotenburg auff einē jarmarckt/ richt

richt seine geschäfft auß / zohe darnach auff die stuben zů dem imbiß. Es wolte jhn niemands kennen / oder jhm seine gebürende ehr anthůn (er zohe auch also röstig mit seinem fürsal daher es verschmahet jm vbel. Wie man nůn ein besunderen wein aufftrůg / mocht er nicht lenger schweigen / vnd zeigt sein standt an / vnnd sprach: Dergleichen wein hab ich gehabt / da ich newlich zů Burgermeister erwölt ward. Nicht lang darnach / als wein eingehet / vnnd gewonlich die witz außherschleicht / fieng derselbig Burgermeister mit seinen mitburgern inn der zech an / also ein groß geschrey vnnd gebrecht zů haben / das die anderen heymischen auff der stuben ver driessen thete / hiessen den stubenknecht jm sagen / das er das geschrey vnnd wesen vnderlassen solte. Es geschach / aber es halff nit / er machts je lenger je mehr vnd grösser. So sitzen aber nicht weit vonn jhm zween Burger / die spieleten im Bret / der eine vnder jhnen (ich gedencke es was der so das gelt verlore) war vnlustig / vñ sagt zů jm: Er solt des groben bäwerischen geschreys vnd wesens abstehen/was er für ein grober Esel were / das man es jhm so offt vndersaget hette / vnnd aber nichts an jhm helffen wölte. Der Bawren/ oder Burgermeister saget: Was es jhn angieng/ da seß er in seiner zech mit sein burgern/ was er jhm einzůreden hett? Summa/ er wölt vonn jhm vnueracht sein/ dann es gebüre jhm nicht. Der Bretspieler fraget jhn/ wer er dann were? Sprach er: Jch bin der Burgermeister von Hechingen. Zů welchem der spieler anfieng zů lachen/ ha/ ha/ ha/ bist du der Burgermeister zů Hechingen/ so bistu warlich ein närrischer/grober vñ vngezogner Burgermeister/wenn du gesagt hettest/du werest der Moren oder Sewmeister/ das hette ich bey deiner vnfletigen art ehe geglaubet. Jch můß bey dir gedencken/ wenn du der witzigst zů Hechingen bist/ das die andern von not wegen närrisch leut sein müssen. Name hiemit seinen rock/ vnnd zohe hinweg/ vnd ließ den Burgermeister in seim geschrey fürfaren.

Der

Der Schultheyß von Haußbergen/wůßt nit ob er gezwagen hett oder nit.

DEr Schultheyß von Haußbergen gienge ghen Straßburg in das bad/ stellt sich gar witzig/ vnnd redet mit niemandt/also/das sich die/so jn vor gekennet hetten/ verwunderten/meinten er were etwann kranck (sie wußten aber nicht das er Schultheyß war.) Wie er so lang im bad sitzt/ so kompt die reiberin/vnd sagt:Mann/ habt jhr das haupt geweschen / vnnd habt euch reiben lassen / so sagt es / Ist es nicht geschehen/so wil ich laug bringen/ vnnd euch zwagen vnnd reiben? Der Schultheyß saget: Jch weyß/liebe Fraw/ warlich nicht eigentlich / ob ich gezwagen hab / oder gerieben bin oder nicht / Vnser einer / oder wir Schultheyssen / hand als dermassen so viel zů gedencken/ das der gemein nutz ein fürgang habe / vnd gericht vnnd recht gehandt habt werde / das wir des dings oder dergleichen vergessen / oder nicht warnemmen / dann jhr solten mir auch eine badhaub auffgethon haben / Jch bin der Schultheyß von Haußbergen. Als bald er das geredet / fiengen die im bade alle an zů lachen / vnd verwunderten sich / das auß einem groben Bawren / so behendt ein witziger vnnd fürbeträchtiger Schultheyß worden was. Es ist ein grosse genade vonn Gott / die nicht einem jeden beschicht / eim narren so behendt witzig zů werden. Vor hielte jhn jederman für ein narren / jetzunder hat man jn für ein halb leinen Schultheyssen erkorn.

Ein Fraw begert das die Orgel zů Straßburg im Münster / zů jr in jr hauß komen solt.

ZV Straßburg kam einßmals ein Fraw morgens vnder der Meß / auff den Pfingstmontag / als man mit

mit Creutzen dargangen in das Münster/vnnd wie man also herlich Orglet/kniet sie für die Orgel nider/leget jhre hend zůsammen/vnd spricht: O du süsse/wollautende vnd himmelische pfeiff/biß genedig mir armen gaffelstirnen/vnd komme auch zů mir in mein hauß/Ich bin von Ingenheym/vnnd damit/wenn du inn das Dorff kumbst/das du nicht jrr werdest/so sitze ich gegen der linden/auff der rechten seitten neben dem Schultheyssen. Vnd als sie der Orgel solches angezeiget/gieng sie wider heym/vermeynet die Himelische pfeiff würde gleich bald hernach zů jhr ghen Ingenheym kommen.

Es wolt ein bawr der Dreyfaltigkeit nie glauben/Vatter vnd Son glaubet er/wolt aber den H. Geist gar nit glauben.

BEy Sarburg im Westerreich/ligt ein Dorff heysset Stensel/da wo-

wonet ein Bawr/einfeltig vnd fromb/
der gienge auff den Osterabendt ghen
Straßburg zů beichten/wolte auff den
Ostertag zům Sacrament gehen. Er
ward durch den Herrn vonn der Drey-
faltigkeit gefraget/was er dauon hiel-
te? Der gůte Mann wůßte nichts dar-
umb/ hette auch nie daruon gehöret.
Der Pfarrherr zeigets jhm vleissig an/
erzelet jhm die herrlicheit der heiligen
Dreyfaltigkeit nach einander. Zůletzt
gab er jhm ein Exempel/ vnnd sprach:
Lieber freund ich will dir ein gleichnuß
anzeigen/ Laß dir sein/du seyest Gott
der Vatter/vnnd deinen Son acht/als
ob er sey Gottes Son/vnnd halt deine
Frawen für den Heiligen Geist. Nůn
merck jhr alle drey sind eins/ Jhr habt
ein wesen/ein haußhalt/ vnnd wonen
bey einander/ das gibet ein dreyheit.
Mit dem verstandt zohe der gůt from-
me Mann wider heym. Zů jar kame er
wider zů beichten. Der Pfarrherr fragt
jhn gleich vonn stund an/ Ob er jetzund
an die Dreyfaltigkeit glaubet? Neyn/
sprach der Bawer/ Ich glaub allein an
die

die zween ersten/ das ist/in den Vatter/ vnd den Son/in die zween glaub ich festiglich. Jn den heiligē Geist aber glaube ich gar nicht/dann alles das der Vatter vnd der Son mit grosser/ harter vñ sawrer arbeit gewinnen/ das verschlecket/ verfrißt vnnd verthůt der heilige Geist mit einander in boden. Der gůte Mann hette auch also ein Weib/ alles was sie vberkam/ das was verschlecket vnnd versoffen/ darumb wolte er kein Glauben an sie haben. Der Pfarrherr můßte den gůten frommen Mann inn seiner einfalt bleiben lassen/ absoluieret jhn/ vnd ließ jhn ziehen/ vnnd glaubet der Bawer nicht mehr dann ein zweyfaltigkeit/ dann der Heilige Geist was jm zů vil widerwertig.

Von einem der sich für einen Edelmann außgab/ vnnd doch keiner was.

EIn hoffertiger stoltzgekleidter aber von leib ein heßlicher/ hofferiger / krumer vnd vngeschickter grober mensch / kame zů Leiptzig in ein Jarkůchen / wolt darinnen zehren. Dieweil man aber sein nicht waar nante/ vnd jm seiner vngeschicklicheit halben des leibs nicht sonders viel ehr entbott/ darzů jm nicht vil Junckerischen grammerschē macht / fieng es jn zůletzt an zů verdriessen/erzelet sein herkomen / Adel vnd gůt geschlecht/redt dē zechbrůdern vbel/sprach: Sie weren grobe/ dolle Esel/das sie jm nit sein gebürliche ehr vñ reuerentz bewisen / ꝛc. Da er nůn also gar lang inn seinem rhůmen verharret/ ja also lang / das es jederman verdrüßlich was hůb vnder der gesellschafft einer an/vnd sprach: Was haben wir mit dem Adel oder Junckerschafft zů thůn? Werest du ein solcher Edelmann / als du fürgibst / so rittest auff einem dapfferen hohen gaul inn eine herberg/ zögest nicht mit einem kleinen bündtlein zů fůß inn eine Jarkůchen / vnsers Müllers Esel ist mehr Edeler dann du/

dann derselbig zeucht allwegen daher mit einem Trabanten vnnd Lackeyen/ welcher gůt sorg vnnd acht auff jn hat. Du aber hast weder Pferdt noch knechte/ vnnd wirffst dich herfür/ wie das böß inn der wannen/ wilt vnns damit deiner Junckherschafft fretten/ ziehe hin mit deinem Adel/ vnnd laß vnns in vnserem geloch zů frieden. Da der gůte heßliche Junckher das höret/ zohe er fort inn ein ander herberg/ an dem orth achtet man nit vil auff jn.

Ein voller bruder fordert in fewers nöten wein vnd kein wasser.

EInen ehrlichen Burger zů Straßburg/ der hieß Graßeck/ dē bran auff vnsers Herren Fronleychnams abent sein hauß. Es wz gar ein angstlicher brant/ dz jederman erschrocken war. Da man aber allenthalben in der stadt schry/ wasser her/ wasser her/ Auch ein grosses ängstliches zůlauffen/

dem

dem Pfenningthurn zů/zům selben graben was/ so stehet ein Beyer / ein volle kůh/der auff jm selbs weder stehn noch gehen mochte/sondern sich an eim stück der Lehnder (die da zůmal gebrochen was) auffhielt/ eben auff der Brucken/ achtet weder des brands noch des lauffens / vnd je mehr man schrey / Wasser her / wasser her. Sagt er gleich auff ein jede red: Langts mirn wein her/langts mirn wein her. Ongefehr so laufft ein Burger daher inn seiner rüstung/ vnnd will für das Münster/der hört die wort vonn dem vollen narren / der zuckt die faust mit dem blechhendschůch / vnnd schlecht jhn inns angesicht/ das er vber die bruck ab inn graben fellt/ vnnd lieff der burger hiemit dem Münster zů. Hetten die/so on das wasser schöpften / den vollen Beyer nicht herauß gezogen / er wer im wasser ersoffen. Das heyßt wein gefordert in fewers nöten / so man mit wasser hilff beweisen solle. Der Beyer ward in thůrn gefürt/ da ließ man jn wider nüchtern werden.

Von einem Pfarrherr der ein kindt taufft.

AVff einem dorff solt ein Pfarrherr ein kindt Tauffen / vnd als er die gefattern fraget: Nennet das kind? Sagten sie: Es ist ein tőchterlein. Er lißt die Collecten / vnd anders darzů gehőrig vollends auß / fragt wider / wie das kind heyssen solt. Die gefattern sagten: Es ist ein Tőchterlein. Sie kamen vbern Tauff. Der Pfarrherr fragt aber / vnnd sagt: Wőlt jr das das kindt getauffet werde? Ja / sagten die gefattern. Da saget er: Nennet das Kindt. Sie antworten: Es ist ein Tőchterlein. Da ward der Pfarrherr zornig / vnd saget: Es ist der Můtter inn dem runtzelfall / hette schier im tiltappen gesaget: Jch sihe an dem schlitz selber wol das es ein meidlein ist / jhr dőrffet mir es nicht sagen. Gleich lieff des kinds Vatter selber herzů / vnd sagt dem Pfarrherr des kindts nammen / da Taufft's der Herr / vnd zogen heym. Die gefattern waren

K eben

eben als witzig als das kindt. Es was am zeichen ohn das wol zůsehen / ob es ein han oder ein henn wer.

Ein Wolff starb in einem kalten winter zů Grendelbrůch / im Breuschtal / die Bawren fragten vmb / was die vrsach wer.

IM Breuschthal bey Grendelbrůch / da wont ein mal ein wolff im gebirge / der jnen ein solchen grossen schaden thet / das nicht dauon zů sagen was / sie stellten jm offtermal nach / sie giengen mit geschoß vnd spiessen auff jhn / kundten vnnd mochten jn aber nicht bekommen / er was jhnen allen zů geschickt. Hernach inn einem kalten Wintter / starbe der Wolff / lage nicht weit vonn dem Dorff / ward bald gefunden / Die Bawren waren fro / kamen zůsammen / vnd hetten gern die vrsach seines todts gewůßt / erkanten vier auß dem gericht / das was der Schultheyß /

heyß/ Heimburg/ Heiligen meyer/ vnnd Rechner/ deren solt jeglicher sein beste meynung/ anzeigen/ an was kranckheit der Wolff gestorben wer. Der erste was der Heimburg/ der sagt: der Wolff were in der grossen kelt vnd tieffen schnee/ barfůß gangen/ vnd jm die kelt zům hertzen geschlagen/ das er daran hett sterben můssen. Der Rechner was der ander/ der zeigt an/ er hett mehr geloffen/ zů fůß/ dann geritten/ darumb hette jm athems gebrosten/ vnnd wer ersticket. Der Heiligen meyr der dritt sprach/ Der grausam groß wehthum̃/ dẽ er gehabt/ der hat jhn vmbs leben bracht/ dann es sey jhm alle seine tage/ nie so weh gewesen/ als da er gestorben seye/ das habe er bey seim eyd vnd auff sein end behalten. Der Schultheyß aber/ der vierdte saget: O lieben Burger wir habens freylich wol an vnserem Viehe jnnen worden/ welches die vrsach seines Todtes ist/ wir haben wol so viel hübsches Vihes verloren/ das er alles gessen hat/ dann es ist zů gedencken/ er habe mehr rohes Fleisch/ dann gesottens gessen / so sind die alten kühe (die er zů zeiten / hungers halben essen müssen) auch nicht allwegen für jhn gewesen / vorab inn dieser grossen kelte. Unserm gefattern Clotz Jörgen / starb kurtzlich sein kühe / die was siech die ander gieng jr die bein ab / dieselbige hat er auch inn dieser kelte also roh gessen / vnnd kalt wasser darauff getruncken / das hat jhn im leib gegrimpt / darumb er gestorben ist / vnnd das wird / lieben burger / seines Todts die rechte vrsach sein. Auff diese rede / ward vmbgefragt / vnd gemeinigclich beschlossen / Der Schultheyß hette die beste vrsach / des Wolffs todt angezeiget / also das er mehr rohes fleisch / dann gesottens gessen hette / vnd were das auch an seinen zänen wol zů sehen das sie also weiß weren / Doch hette es jhm nichts geschadet / wenn die kelte nicht so groß gewesen were / dann kalte vnd rohe ding essen / vnnd kalt darauff trincken / in einer vnleidlichen kelt / das mag die leber nicht erleiden / vnd ist ein tödtlich ding / darumb der Wolff auch hat sterben müssen / darmit zogen sie

dem

dem Wolff den beltz auß/ liessen jhn ligen/ vnnd giengen wider heym / waren fro/ das jhr feind todt was/ welcher tag vnd nacht/ auff sie angriffen hett.

Ein Pfaffenmagdt trat in ein Dorn.

ZV Mentz wolte eines Thumbherren Magdt / morgens früh im Winter / das fewer inn den Ofen machen/ als sie aber Pantoffeln an hette / thet sie ein mißtrit/ das jhr der pantoffel außfiel / vnnd trat sie neben sich/ in einen hagen Dornen von einer wellen / so ohngefehrlich da lage. Wol an/ sie macht das fewer dannocht an/ aber der Dorn thet jr je lenger je wirser/ vnd also weh/ das sie zů des Herren Scherer gienge / gehůb sich vbel / Bathe jhn / er solte jr den Dorn auß dem fůß ziehen/ Der Scherer lůgt/ sahe wol das er tieff stack / griff mit einem zengle darnach/ biß er jn zůletzt erwůschet / er was aber gar tieff hinnein gangen. Wie er also starck an dem Dorn zeucht / so leßt die Magdt vor grossen ångsten ein starcken scheiß. Ho ho sprache der Scherer / der ist herauß / Gott hab lob. Ach lieber Meister / sprach die Magdt: Ist er dann herauß / so keuwend jn / vnd streichend mir jhn vber das loch / so schwiret es nicht. Der Scherer lachet / vnnd sprach / Liebe kôchin jhr habt des eine gůte natur an euch / bedôrffend keines Scherers / die Dôrn auß zů zihen / dann jhr habt diesen selbs mit dem Arß herauß geblasen / Sehet jhr darumb wo er ist / kewend jhn / vnd streichend jhn vber das loch / jhr wissend am allerbasten wo euch weh ist / Wo es dann wider schweren wolte / so kommend herwider / als dann můß jhn der Knecht (der gesicht baß dann ich) vleissig suchen vnnd herauß ziehen / will es dann auch nicht helffen / so lassend euch das loch saugen / das ist eine gewisse kunst / vnnd ließ sie darmit heym ziehen.

Von einem armen Schůler/der wolte gen Pariß ziehen/vnnd ein Witwe meinet er wolte ins Paradiß ziehen.

EIn armer Schůler wolt studierens halben gen Pariß ziehen/ der hiesch in einẽ Dorff bey Nůrenberg / das heysset Schweinaw / ein stück Brots einem armen Schůler/von einer Alten Witfrauwen. Sie fraget jn wo er hinauß ziehen wolte? Er sagt: er wolte gehn Pariß. Die Fraw verstund/ er hette gesaget/er wölte inn das Paradiß. Sie was fro / vnnd sprach: O lieber Gesell/ Es ist bey sechs wochen/da starbe mein Mann/vnnd saget/er wolte auch inns Paradiß / Er namme kein gelt/oder kleider mit jm/es wirt jm forthin / an zeerung vnd gelt vbel gehen/so bin ich leyder zů alt vnd schwach / mag jhm nicht nachkommen/das ich jhm etwas bringen köndte / wenn jr mir so vil zů dinst thůn wolten/ich wolt euch gelt vnd kleider geben/das jr es jm gebracht hetten/das jhm der Würt nicht lang borgen dörffte/es gehet nicht viel bottschafft auß vnnd ein/ich wolte jm sonst lang geschickt haben/ich wil euch darzů ein gůte schenck thůn. Ja gern/saget der Schůler/was jr mir geben/das will ich jhm/so ich zů jhm kom/getrewlich vberlüfern (er mercket das die gůte alte fraw ein x für ein v verstůnde/gedachte/das wirdt dir ein ebene sach) sprach weitter. Vber ein viertheil Jar werd ich wider kommen/so wil ich euch bottschafft bringen (wo ich euch Schter finde) wie es vmb ewren Mann stehe: Die alte Můtter gab jhm gelt/hembder/kleyder/vnnd was sie vermeynet das jhrem Mann vonn nöten würde sein/das es der Schůler jhm brechte/vnnd schencket jhm darneben ein gůt trinckgelt. Das name der gůt Gesell zů jhm gar freundtlich/zoge ghen Pariß/verzechts/vnnd hette einen gůten můt damit. Die Fraw vermeinet/er wer im Paradiß/vnnd wartet noch/wenn er wider komme/vnnd jhr auß dem Paradiß von diß von jhrem Mann bottschafft bringe. Ich gedencke er werde des weges in das Paradiß verfehlet haben / vnd gen Weyt ein weil zů den frommen Lantzknechten kommen / vnnd das gelt vnnd kleyder etwan verspielt haben.

Ein Pfarrherr zeiget seinen Bawren die arßkerb für heylthumb.

Vff der Musel in einem dorff / nicht weit von Coblentz / da was ein Pfarrherr ein wilder vogel / der kondt seine Bawren am Sontag nicht in die Kirch / vnnd besonder in die Predig bringen / das sie darinnen biß zům ende blieben weren. Er schalt sie / redet jhnen vbel / Ja er sagte was er wolte / so galt es jhnen gleich. Im Winter zogen sie in die stuben / Im Sommer giengen sie in die Gärten vnd Felder / vnnd wenn der Pfarrherr vnsern Herrgott erheben wolte / so klencket der Sigrist / so stürmen die Bauren herzů/vnnd gleich wider auß der kirchen/ Es verdroß den Pfarrherr/ gedacht (wie er dann ohn das ein wildes kindt was) er wolte sie bezalen/ verbot dem Sigristen/ das er nit klencken solt/ biß das Ampt gar geschehen were. So bald nůn das Ampt auß war/ zohe der Pfarrherr die Priesterlichen kleider auß/ nestlet sich auff. Der Sigrist klencket/ die bawren kamē. Da stund der Pfarrherr mitten inn der Kirchen/ hett das gesäß vber abgezogen/ vnd zeigt jnen den hindern spiegel/ vnd sprach: Wölt jhr das Gottes wort nicht hörn/ noch das Heilthumb sehen/ so kompt hieher/ vnd sehet vnnd höret an statt desselbigen eine beschißne arßkerb/ vnd liß damit ein grossen starcken furtz/ das es inn der gantzen Kirchen erhalle. Die Bawren erschracken ab dem ellenden anblick/ vnnd seltzamen thon/ lieffen alle wider zů der Kirchen hinauß/ als wenn sie der Teuffel jaget. Darnach verklageten sie den Pfaffen vor dem Bischoff von Trier/ der Pfaff můßte sich trollen/ wer er dem Bischoff

worden/

worden/ man hette jm vil vngereumpter. Item an das beschissen kerbholtz geschnitten / vnnd man würde jhm das Heilthumb auff dem Hermelstein gezeiget haben/ das er sein nicht hette dörffen lachen.

Von einem Krancken der vonn Gott an die zwölff botten appelliert.

IM Rieß bey Nördlingen saß ein reicher bawer in einem dorff/ der hieß Lutz Meyer. Diser bawr hett ein liebe haußfraw/ vñ vill kinder/ die starben jm in einer pestilentzischen ziet alle nach einander. Zůletzt stieß den fromen Lutzē die kranckheit auch selbs an. Er ward schwach /die nachbawren holten dē Pfarherrn/der solt jn mit den Sacramenten versehen. Der Pfarherr kompt/ der bawer wegert sich / wolt sich nit verrichten lassen / bezeugt / berůfft/ vñ protestirt sich/ mit einer zornigē vnwürser

würser red/ vnd geschrey/ vnd sagt: Es wer jm noch nit gelegen zů sterben/ Es thet jm auch Gott vil zů kurtz vñ vnbillich/ das er jn nach seines weibs vnd kinder todt/ aller erst auch zů sterben erfordern wolt/ dieweil er doch so gar viel nachbawren vm̃ sich hett/ die noch biß anher/ mit allem jrem volck/ jungen vñ alten/ gesund/ frisch vnd vnangegriffen blieben weren/ das were gantz des vnfreundlichen gespilt/ Darumb er auch die sach vnnd alle handlung/ die Gott mit jm/ seinẽ weib vñ kinden/ bißher angericht/ für die zwölff Aposteln/ als die Richter/ so Christus selbs geordinieret hett/ appeliren wolt/ bedingt/ appeliert/ vnd berůfft sich auch gleich/ von stundan/ angesichts/ aller vmbstender/ für dieselben gemelten zwölff Apostel vnd richter/ Das jm gar zů viel vngütlich geschehen/ vñ noch kein auffhörens da wer. Der Pfarrherr verwundert sich dieser strengen appellation/ sprach zů jhm: Ey lieber Lutz/ nicht also/ biß gedultig/ du solt dein kranckheit/ leben vnnd todt in den willen Gottes setzen/

du bist

du bist sein kind / Er hat dich hertzlich lieb / dañ er suchet nůr die seinen / vñ die jm in sonderheit lieb sind / die greifft er am aller ersten an. Jst das war / sagt der Bawr / so wölt ich das er mein tödtlicher feind wer / so ließ er mich das mein schaffen / vnd wer ich vor jm zů frieden / dörfft es nit in der forcht vnd sorgen des Todes stehen / dann liebet er die seinen / vnd handlet mit jhnen wie er mit mir vnnd den meinen gethon hat / so liebe er den Hencker oder Türcken / vnnd mich gar nicht / ich will auch nichts mit jhme zůschaffen haben weitter / dann was zů der appellatiõ gehörig ist / ich hab auch vor geredt / es seye mir gar nicht zů sterben im sinn / das red ich noch / vnd wenn es euch allen ein leiden wer. Damit zohe der Pfarherr wider heym. Der Bawer ist auch desselben legers wider aufkommen vnd gesund worden. Er gedencket vnd vermeinet noch / hette er nicht für die zwölff botten / oder zwölff Richter appelliert / die kranckheit würde jm das hertz abgestossen haben. Helff was helffen mag / gromen wil nit allzeit zihen / wenn wir sterben sollen. Von

Die Garten

Von eines Bawren son der zwo Beginen schwanger macht.

IN der Stadt zů Franckfort/ da ist ein samlung mit Geistlichen schwestern/ die man Beginen nennet. Zů denen hett ein bawer auß dẽ land gůt kundschafft/ wz sie für essende speiß bedorfften/ das gab er jn/ dann er was jr Meyer/ also/ das er vñ sein fraw tag vnd nacht bey jnen assen vnd trancken/ vnnd jren zůgang zů jnen hetten. Nů der bawer hett ein grossen son/ der macht mit den zweyen jüngsten schwestern inn der samlung/ besonder kundtschafft/ das sie der sachen eins wurden/ vnd heimlich einander jre not klagten/ wie dann wol zů gedencken. Es fienge sich letzlich je an zů schicken/ das der andacht/ mit zweyen grossen beuchen/ oder kindern/ einen außbruch gewinnen wolte. Da die Meisterin solches gewar warde/ Da stellet sie die zwo jungen Schwestern im Capittel für/ fraget sie/

get sie / was sie gedacht / das sie sich so- grob vbersehen hetten / vnd wer der vatter wer / das wolt sie wissen. Die Jüngst ohn eine gab antwort. Vnsers Meyers Son / saget sie / hat mich zům nechsten im bad also außgerieben / mein lebtag bin ich nie dermassen gerieben worden / ich hab mich gelitten / wie er mir saget / also thet ich / weyß noch nit / was er gemacht hat / wiewol mir der bauch geschwilt / man můst jhn darumb fragen. Die Jüngste Schwester ward auch angeredt / die sprach: ich weyß nicht / dann nehermals sahe ich ohngefehrlich (als ich holtz holen wolt / vnnd das bad wermer machē) die zwey / des Meyers son / vñ die / einander im bad außreiben / Ich lůgt ein weil zů / vnnd gedacht / můß es also gerieben sein / das hastu nie gesehen / du wilt deins recht außrichten / ehe du ins bad gehest / so weschest du dich darnach mit einander / vnnd badest mit růwen. Darauff hat mich auch des Meyers Son im holtzhauß / also trucken außgerieben / Ich hette mich aber ehe des Todtes versehen / denn

denn das mir das bad solt in den bauch
gerathen sein / das er mir so hert wirdt /
was darauß werden wil / das weyß ich
nit / ich hab des spiels nie mehr gebrau-
chet. Die Meisterin was trawrig / sahe
den einfalt jhrer töchterin / das sie von
dem kegel betrogen waren / berüfft sein
Mütter / klagt jr das leyd / sagt vnd er-
zelt jhr alle handlung / wie sie von den
Töchteren gehöret hette. Die Mütter
was zornig / gieng heym / redt dem Son
vbel / schalt jn / vnd flücht jm / das er die
schand begangen hette. O liebe Müt-
ter / sprach der Sohn / wie thůst du nůr
doch / ich bins doch alles von dir geheis-
sen worden. Ja sprach die Mütter / ich
habe dir den galgen an den halß geheis-
sen. Wolan / sprach der Son / hast du nit
allezeit zů mir gesprochen / ich soll mich
aller gesellschafft abthůn / vnd freundt-
schafft zů den Geistlichen machen? dañ
mit den frommen vnnd heiligen werde
man from̃ vnd heilig / vnd mit den geist
lichen werde man Geistlich / das hab ich
gethan / vnd dir gefolgt. Nůn bin ich
auch ein Geistlicher Mann vnd fromer
brůder

brůder worden. Ja sprach die Můtter/ du bist ein Lecker vnnd Bůb worden/ weystu nicht/ das es vnsers Herrgotts schwestern sind? Botz/ das ist doch noch besser sprach der Son/ so ist vnser Herrgott mein schwager/ vnnd ich bin noch heiliger dann vor. Nůn hab ich keinen mangel mer/ der schwager můß mir wol helffen meine Kinder ziehen/ wenn du mir gleich gar nichts zů steuer daran geben/ vnd gieng von jr hinweg/ nam sie beyd auß der samlung. Die jüngste fürt er zů Kirchen/ die ander behielte er bey jhm/ biß sie genaß/ gabe jhr darnach sunst ein gůten Gesellen/ damit keine der andern zů verweisen hett/ vnd halff jhm also sein schwager/ das die Kinder erzogen wurden/ vnnd die gůten Frewlein zů ehren kamen.

Von einem der dem Herren von Montheiß ein Habich gebracht hat.

DEr Herr von Rappolstein het=te ein Welschen knecht/ dem gab er ein Habich/ er solte jn dem Herren von Montheiß bringen/ vnd anzeigen/ das der Herr von Rappolstein jhm den geschenckt hett/ Der geck nam den

Habich/ vñ in der erstẽ herberg/ vergaß er den hendschůch. Wie er aber den vogel auff der blossen hand tragen wolt/ schlůg er jm die klawen in die hend/ das mocht er nit erleiden/ dråiet jm den halß vmb/ knüpffet jm ein wid drumb/ vnnd schlůg jhn vber die achsel/ vnnd zohe zů dem Herren von Montheiß/ vnnd sagt:

Gnedig

Gnedig Herr von Montheiß/mein Gne- dig Herr von Rappscheiß/schickt euch den Habeiß. Der Herr vom Montheiß/ sahe wol das er Todt was/fraget jhn/ Wie das zů gieng/das der Vogel Todt were? Ja sagt der Welsch Gnedig Herr/ er hatt mir gemack kretzil mir auff mein finger. Jch hab jm gemack krag ab. Dz můß dich die feyfel ankommen/saget der Herr von Montheiß/ vnd befalch/ man solt jhn vier tag inn thurn legen/ darnach schicket er jhn wider heym. Der Herr von Rappolstein fraget jhn/was der Herr vonn Montheiß zů dem vogel gesagt hette? Der Welsch sagt: Gnedig Herr von rappscheiß/es hat mir gemack der Habeiß/kratz mir auff mein finger/ ich hab jhm gemack krag ab/vnnd dem Herr vonn Montheiß brockt. Der Herr fraget/ Jst der Vogel Todt gewesen? Ja/Gnedig Herre vonn Rappscheiß. Sprach der Herr: Das műßte dich die Beul vnnd Pestilentz ankommen. Was hat der Herr vonn Montheiß darzů gesaget? Ja Gnediger Herr/er hat mich geleck in finster lockh/wol vier tag an einander. Der Herr lachet des Narren / ließ jhn auch zween Tag inn Thurn legen / vnd schicket dem Herren von Montheiß ein anderen vogel / mit einem anderen diener / der ward jhm / vnnd ward dieser narr vier tag im finstern loch geleckt.

Von einem Edelmann / der alles geschirr auff dem Tisch zum fenster hinauß warff.

DER Keyser Maximilianus hielt ein Edelmann an seinem Hof / der ein freuele haut war. Eins mals hett der Edelmann sampt anderen vom Adel / ein grosse maalzeit vnd gloch / zů Wien in Osterreich zům güldin Hirsch angeschlagen / vnnd dem Würt beuohlen / nur das best / vnd nach dem besten zů zůrichten / sie wolten es wol bezalen. Die gest kamen / man setzet sich nider / fieng an zů essen / etliche Essen aber die waren nicht nach des

Würts

Würts meinung vnd willen zůgericht vnd gekocht. Er dorfft nichts sagen/vñ erwüscht vor zorn ein teller oder zweẽ/ wirfft dieselbigen zům fenster hinauß/ inn den hof hinab / für die küchen/ daß die Mägdt mercken solten / das sie nit recht gekocht hetten. Vonn stundan so wůschet der Edelmann die blatten / Schüßlen / Silbern becher / vnnd was auff dem Tisch was / sampt dem tischlachen / vnnd wirfft gantz behend eins nach dem andern / auch in den hof hinab zům fenster auß/es was ein vnuersehens wunderbarlichs auffraumen. Der Würt gadachte / der gast were vnsinnig / fragt: Was er darmit gemeinet / das er den wunden allen / so geschwinde zům fenster hinauß würff? Er antwort/ vnnd sprach: Da habe ich lieber Herr Würt nicht anders gedacht / da jhr die Teller habt hinab geworffen/ dann das wir daniden im hof essen müssen. Darumb hab ich euch zů behilff/ das ander alles gleich bald hernach geworffen/ damit man daniden dester ehe wider zůrichten kan. Es hungert vns/

wir weren gern bald zů tisch. Der Würt sampt den andern můsten der geschwinden schalckheit lachen / ließ den leiden im hoff wider auffhin tragē / rüst anders zů / zechten / vnd waren frölich. Der Edelmann bezalt / vnnd hette ein mal ein burgerlust gehabt.

Ein Scherer erwüschet sein fraw im Ehebruch.

ZV Schaffhausen was ein Scherer / der hette eine schöne Fraw / sie gienge aber barfůß mit dem afftter-wagen. Auff eine zeit was er vber feldt gewesen / vnd als er heym kömpt / so findet er ein auff dem herd inn der kuchen / den langen weg bey seiner Frawen sitzen / sie lauseten einander / aber nicht auff dem kopff. Der gůt Mann erschracke / vnnd sprach: O du liebe haußfraw / bist du nicht witziger / da du dir die nüß woltest lassen abmachen / möchtest du doch hinauff inn das Hauß gegangen sein / es were eben niemandts inn der

zeit

zeit kommen / der Scherer hett gewölt/ Du soltest selbs wol gedencken / wie es sich so leiden vbel gereimmet hette/ vnd auch so vbel dir were angestanden/wo etwann ein Frembder kommen were / vnd euch also zů bürtzlen vbereinander funden hette/vnd gedencke du (sprach er zů dem Gesellen) das du mich nicht mehr darzů laßt kommen / du můßt mir sonst ein plappart für den freuel geben. Es ist ein ding/ das ich meine lebtag nie gern gesehen/ vnnd jhe lenger jhe weniger sehen mag. Damit zohe der gůt Gesell hinweg/ hat des plapparts auch hernach geförchtet / also / das er den Scherer nimmermehr hat lassen darzů kommen.

Ein reiche Burgerin zohe inn das Wildbad / hette gern Kinder gehabt.

ES badet einßmals eine Reiche/hübsche Burgerin von Stutgarten inn dem Wildbad/ deren schöne vnd zierlicheit des leibs / gantz vnd gar kein kranckheit anzeigen thet/ darumb ward jr Magdt von einem alten Priester befragt (welcher auch im bad wz.) Auß was vrsach doch jhre Fraw sich zů baden begeben / so sie doch nicht kranck were? Die Magdt sprach: Vmb keiner andern vrsache willen/lieber Herr/thůt sie es / dann das sie so gern Kinder hette/verhofft das bad solt bey jr würcken/ das sie fruchtbar würde. Darauff sagt der Herr: Ich wolte jhr viel ein besseren rath geben / wenn sie mir folgen wölte. Zů Tübingen sind viel junger Studenten / Zů Stutgart viel starcker junger Thumbherrn / vnder denen möcht sie etwann einen bekommen / der jhr an der Complex gleich vnd änlich were / vonn dem sie ein kindlin vberkäme. So sind auch noch gar vil Klöster / da hübsche/ glatte/junge Münch iñen sind / da würde etwann einer befunden / welcher zů der handlung tauglich were/ vnnd möchte das vnnütze gelt / des badens halben/ wol erspart sein. Die Magdt gab

dem

dem Herren auff seinen getrewen rath antwort/ vnd ließ ein grossen vñ schweren seufftzen/sprach: O lieber Herr/die ding so jhr mir angezeigt/haben wir alle versucht/vnd vnderstanden/ ich eben als wol als sie/ es hat aber biß anher/ noch nicht verfahen wöllen / vnd hilfft auch inn boden gar nichts. Der Pfaff sagt: Man müß das in mancherley wege/auch offt vnd dick versuchen. Ja saget die Magdt / wir habens auch in alle weg wol versucht/hilfft doch nichts. Ich wils jhr aber anzeigen / wir wöllen vns wol nicht sparen/ Doch besorg ich/ es wirdt auch nichts nütz sein/wir wöllen recht erstmals der badenfart außwarten/was demnach güt seye/das geschehe/gieng damit wider heym.

Von einem Bawren der sterben wolt.

AVff dem Wormser Gawe/ da was ein reicher Bawer / der ward kranck / vnnd also gar schwach /

das er sterbens sich verwegen hett. Die nachbawren sagten zů jm/er solt sich zů Gott bekeren/ vnnd sich verrichten lassen/trösteten vnnd ermanten jhn / nach jrem möglichsten vleiß/so lang/biß er dē willen darein gab. Dieweil aber sie den Pfaffen holten/ steyg er aller oberst inn dē hauß auff das dach/vnd deckt dasselbig mit stro. Der Pfarherr sampt den nachbawren/ die kamen / sie suchten jn/ niemands kondt jn finden / vermeynten der teuffel hett jn hin. Hindnach so sicht man jn auff dem dach sitzen / dasselb zů pletzen. Der Pfarher hieß jn herab gehen/fraget was er dortoben thet / warumb er sich verkrochen hette / dieweil er der Pfarherr vnsern Herrgott mit jhm brechte? Der Bawer sagt: Wenn Gott Allmechtig ist / vnnd alle ding so wol weyß im Himmel / vnnd was auff Erden ist / so hat er freylich auch wol gewüßt/ wo ich gewesen binn. Seit ihr dann ein Priester an GOTtes statt / so solte er euch freylich auch angezeyget haben / wo ich were / das jhr mich nit also lang hetten vergebens suchen dörffen.

dörffen. Der Pfarrherr saget: Du hast seltzamme mucken bey dir / wilt du dich zů GOTT richten / so můßt du eine andere art an dich nemmen / vnnd ist vonnöten / das du die zeitlichen sorgen von dir schlahest / vnnd dich zů GOTT kerest. Der Bawer fraget den Pfaffen / ob er auch meynte das er sterben würde? Ja / saget der Pfarrherr: Alle zeichen an dir / die bedeuten dir den Todt. So wiß GOTT / sprach der Bawer / das es mir mein Lebenlang nie vngereumpter vnnd vbler kommen ist / vnnd hette mir auch nicht vnzeitiger begegenen mögen / dann eben jetzunder / dann die erndt ist an der handt / vnd geschnitten dazů / vnnd kan ich die frucht nicht heym bringen. So regnet es mir durch das löcherte dach oben inn das Hew / das es mein Viehe nicht schmecken / ich geschweyge / essen will. Niemand ist der die Knechte vnnd Mägdte anweiset / Lige ich da / vnnd soll sterben / Was wirdt darnach darauß? Der Pfarrherr sprach: Solchs můstu alles faren lassen / vnnd gedencken das du GOtt antwort vnnd rechnung geben můst/deiner handlung inn dem Leben/ darumb so du wilt / so will ich dich mit beyden Sacramenten versehen. Darauff gab der bawer antwort: Wie theuer verkauffet man sie alle beyd? Sprach der Pfarrher: Als vmb sonst/dann Gott hats vns geheyssen. Wolan/ sprach der Bawer / kost es dann nichts / so bringe mir den Element aller her / weil ich doch sterben soll / meine Fraw soll dem Sigristen etwann ein trinckgelt schencken. Ehe zwo stunden / was der Bawr todt. Das heyßt ein tach in schwacheit mit stro decken.

Ein Pfarrherr Tauffet ein kind/vnd ließ die Hebamm ein grossen furtz.

ZV Schorndorff/inn dem Wirtenberger Land solte einßmals der Pfarrherr ein Kindt tauffen. Wie nun nůn das kind eingesegnet was/ vnnd es die Hebamm bey dem Tauff will auff- binden/ buckt sie sich ein wenig zů tieff/ also/ das jhr ein grosser starcker furtz entwůscht. Nim̃ war/ sprach der Pfarr herr welche grosse krafft meine Wort vermögen/ dem Teuffel hab ich gebot- ten/ außzůfaren vnnd zů weichen/ das hat er gethon/ vnnd die gantze Kichen voll gestancks gemacht. Die Hebamm schemet sich/ das jr das gesäß was auff- gangen/ vnd hette des Pfarrherrs wort nicht gemerckt/ wolte sich verantwor- ten/ vnd sprach: Ach lieber Herr/ nicht meynen das ichs gethon hab/ das kindt in der wiegen hat also ein hartẽ furtz ge- lassen. Der Pfaff ward zornig/ sprache: Gott geb jm die drůß/ sol er also vnschã- hafftig sein vor einem wirdigen Prie- ster/ pfuy der schanden/ kan es jetzunder so jung noch in der wiegen/ solche grosse starcke scheiß lassen/ was wil erst drauß werden wenn es alt wirt/ ja gewißlich würdt es hosen vnd beltz voll hoffieren/ vnd jm selbs glück vnd heil verscheisen. Das arm kind kond sich nit verantworten. Was die Hebamm gethon hette/ das hat sie alles auff das vnschuldige Kindt geleckt/ das Kindt ward darnach getauffet/ vnnd macht sich jederman auß dem rauch/ den der böse geist hinder jhm gelassen hette/ da er außgefaren was.

Wie ein Fürsprech seine Kinder gemacht hat.

ZU Mentz was ein Fürsprech/ ein gantz ritzroter Fuchs/ der hette viel Kinder/ die waren alle weiß/ vnnd hetten hübsch weiß haar. Auff ein zeit als er sie mit jhm führet/ warde er durch einen andern gefragt/ was die vrsach wer/ das er so rot/ vnd die kinder so hübsch weiß weren. Ja/ sprach er: lasset euch das nicht wunder nemen/ ich hab sie alle mit dem hindern vnd nicht mit dem kopff gemacht/ sonst weren sie eben als rot als ich bin.

Ein Bewerin gab eim Reitter kurtze antwort.

BEy Haußbergen setzet sich ein Bewerin inn eine grüben/ vnnd reusperet sich mit dem hinderen wagen/ inn dem reyttet ein Reytter für anhin. Sie erschrack vast vbel/ wüscht auff/ schemet sich/ were gern gewichen/ sie mochte aber nicht. Der Reytter saget: Ey liebes Frewlin/ bleibet sitzen/ vnd machet fort/ es ist ein ding/ dessen niemands emperen kan. Die Bewrin hette nün jhr ding außgericht/ vnnd saget zü jhm: Ja/ lieber Mann/ ich mage sein nün wol emperen/ hast du einen lust darzü/ ich will dir jhn schencken/ nimm jhn mit dir/ hebe jn wol auff/ stosse jhn inn den büsen/ vnnd lebe wol darmit/ meinenthalben sol dir kein eintrag beschehen. Aber der Reyter wolt des drecks nicht/ vnnd rytt daruon/ hett sein antwort empfangen.

Von

Von einem Bawren der dem Amptmann ein antwort gab.

ES was auch ein Bawer / der satzte sich auff ein Acker / zohe die hosen ab vor jedermann / vnnd kachet mit dem hinderen theil. Das sahe der Amptmann / gienge zů jhm / vnnd sprach: Du grober klotz / was scheissest du da also offentlich? du möchtest doch etwan hinder einen Baum sitzen / schemest du dich nicht vor den Leuten? Der Bawer gabe jhm auch nicht viel gůter wort / sprach: Was hastu mit meinem dreck zů schaffen / gefellt er dir nicht / so hofier du dir ein anderen. Ich sihe wol / es kan keiner weder kleinen noch grossen dreck hofieren / du wilt an allen orten zům ersten deine naß in einen jeden stossen. Der Amptmann was bezalet / schweig still / vnd wartet seines ampts / vnd nam sich auch fürhin keines drecks mehr an.

Von

Von einer Frawen die gern ein wackern Esel gehabt hett.

ZU Brumpt gienge ein gärtnerin in jren krautgarten grasen vor dem Flecken / sie sang vnd was frölich. Ein Reuter der vngefehr für reyt / grüßt sie / vnnd saget: Liebe Fraw jhr seit gar frölich / ich meyn jhr seit hinnacht ein Braut gewesen? Die Fraw saget: Ich weyß nicht lieber Mann / wirdt eins also frölich / wenn eins eine Braut ist? Ja / saget der Reutter / es ist also. Darauff die Fraw jm geantwort: Ey so bitt ich euch freundtlich / macht mir mein Esel da auch zů einer Braut / er ist als treg / sicht als vbel / vnd henckt den kopff gar auff ein eck / als wolte er marter schwern / ob er doch lustiger vnd frölicher würde / ich will euch gern daruon lohnen. Das thů der Teuffel / sagte der Reuter / der Esel můß meinet halben ein Jungfraw ersterben / sonst habt jr mir / liebe fraw / recht geantwort. Ist damit dauon geritten.

Ein gar alter Mann name ein junge Tochter zů der Ehe.

ZV Colmar wonet ein Witwer/ ein reicher alter Mann / der warbe vmb ein schöne junge tochter/ vnnd da er werben wolt/ ließ er jhm das haar vber den kam̃ abschneiden / vnnd sonst sich glatt butzen vnnd scheren/ trůg ein Seidin heublin vnder dem Bareth / also das die Jungfrauw das grawe haar nicht sehen/ noch warnemmen mochte. Sie ward jhm geben/ die hochzeit warde gehalten. Etwann vber 14. Tag/ da fiengen jhm die grawen haar wider an herfür zů stechen. Darnach eins morgens fiel jhm die haub im beth ab / da sahe sie/ die liebe Jungfraw/ was er für weisser stangen auff dem kopff gehabt. Sie erschrack/ war gantz vnnd gar leydig/ klagt heimlich jhr leiden/ mit seufftzen vnnd weynen. Der alte Chremes vermercket wol das der Frawen nicht recht was/ er fraget sie ein mal oder etlich/

lich/was jr doch anleg/das sie also hertzlich seufftzet? sie wolt es jhm aber nicht sagen. Zů nacht fraget er sie ein mal im beth/was jr were/ob sie die mägdt oder knecht erzürnet hetten/oder ob jr sonst etwas manglete? Sie sprach zů jhm: Ich weyß nichts das mir fehlet/weder das ich mich beellende/das ich meine junge Tag so vbel angeleget habe/ich hab nicht gewußt/das jhr also ein alter grawer Mann seit/biß jetzunder so ich ewren kopff ansihe/Ach was haben mich meine Freundt gezigen/das sie mich also vnzeitig in das ellend geschicket haben. Ey liebe tochter sprach der alte Mann/laß dich das nicht bekümmern/du hast essen vnd trincken/schöne vnnd köstliche kleyder/knecht vnnd mägdt/gold vnd gelt/auch alles reichthumbs gnůg/was manglet dir sonst? Das solten jhr wol gedencken/saget die fraw/wz mir manglet. Wolan ich mercke es wol/sprach der alt herr: Liebe tochter/laß den kum̃er farn/weystu nicht das ein grawer schim̃el eben so wol zeuhet/als ein roter fuchs. Die fraw streich die hand auff jr brust/ biß für den bauch hinab/ vnnd sprach: Ja/ aber auff der strassen nit/ dann da sind gräben/ vnnd gefehrliche löcher/ das man eins satten steiffen zůgs wol vonn nöten ist/ dasselbig kan ein roter junger Fuchs vil baß/ denn ein alter grawer schimel außrichten. Der frömb alt Herr was gefangen/ kondt sich leyder nicht weiter verantworten/ die warheit was jhm gesaget. Ich glaub das es freylich eim Fürman auff der strassen andthůt/ wenn man seim alten grawen schimel/ ein jungen roten fuchsen fürspannen můß/ es solte ein vngleich ziehens geben.

Von einer Goltschmidin zů Augspurg vnd einem jungen Edelmann/ wie sie jhm ein güldin ketten ab erbület/ vnnd wider gabe.

AVff dem Reichßtag zů Augspurg/ was ein Edelmann/ der des

Keysers

Keysers hof nach zohe/ in einer schönen grossen herberg/ der hett 4. oder 5. Pferde/ wenn er wolte spacieren reyten/ so saß er im hof auff/ vnnd rannt für die thür/ warff das Ross einmal oder etlich herumb. Es was ein hübscher gerader Edelmann/ vnnd hette ein schöne gülldine Ketten am halß. Nun neben der herberg/ ein Goltschmidt ein Reicher Burger saß/ der hette ein schönes weib/ vnnd wenn der Edelmann also für das hauß rannt/ machet güte bößlin/ so lage des Goltschmids Fraw am fenster/ sprach: Ich wolt das ich mit dem Edelmann solte ein par Leylachen zerreissen. Das höret der Edelmann/ der sprache/ da wolte ich mein güldine Ketten vmbgeben/ das vermercket die Fraw. Als nun vber drey oder vier Tag/ jhr Mann nicht daheymen was/ ließ sie den Edelmañ beschicken/ sprach: Junckherr sind jhr noch der wort/ die jhr das andermal geredt haben/ ingedenck? Ja fraw/ sprach der Edelmann/ damit füret sie jhn in ein besonder gemach/ zohe sich auß/ biß auff das hembdt/ sprach/

Junckherr jr wißt wol warumb es zů-thůn ist. Der Edelmann sprach/ ja es ist vmb die kettē zůthůn/ zohe sie von dem halß/ gab sie der frawen. Sie beschloß die ketten behend in ein trog/ auff jhre kleyder/ wolan die zwey tantzten die nacht den Danheuser. Morgends frů/ der Edelmann ward außgelassen/ was trawrig vmb sein ketten. Sein knecht sahe/ das der Junckherr trawrig was/ sprach: Junckherr wz leit euch an? Der Edelmann sprach/ mein anliegen kan ich niemands klagē. Der knecht sprach: Ey Junckherr es ist allwegen gewesen/ wenn einer bekümmert ist/ das er solches seinen gůten freunden klaget vnd offenbaret/ Nůn bin ich ewer diener/ ich wil mein haut dran strecken/ es můß euch geholffen werden. Der Junckherr erzelet dem Knecht/ wie es jhm mit der Goldschmidin vnnd der güldin Ketten gangen seye. Der Knecht sprach dem ist wol zů thůn/ Die Fraw hat vnns zům nechsten ein Mürselstein gelihen/ da ein Gaul kranck war/ etwas darinn zů stossen/ den wil ich jr wider bringen/

lasset

lasset mich machen/ ewer kettē sol euch wider werden. Am andern tag zů dem imbiß/ als der Goldschmidt/ vnnd seine fraw/ zů tisch sassen/ klopffet der knecht an der thür/ ward eingelassen/ stund für den tisch/ vnnd sprach: Herr da schicket euch mein Juncker dē mürselstein / dancket euch sehr/ vnd begert die güldin ketten/ die er ewer frawen darfür zů pfand hat gelassen. Der Goldschmidt warde zornig vber die fraw/ sprach: Warumb sie vmb ein so klein ding/ also ein köstlich pfandt nem? Die fraw sprach: Herr ich hab kein kettē empfangen. Sprach der herr/ nů hörstu wol/ wz der knecht saget. Die fraw laucknet wie ein mörder/ aber der knecht sprach: Zů warzeichen/ legt sie die ketten in ein trog vnden am beth auff die kleyder. Der Herr warde zornig/ namme die schlüssel/ schloß den trog auff/ fand die ketten/ vnnd gab sie dem knecht/ der name sie/ gienge seine straaß. Die fraw gienge dem Knecht nach/ vñ sprach/ sag deinem Junckern/ er můß mir zům nechsten nimmermehr/ in meinem Mürselstein stossen/ ich will jhm auch kein häfelin mehr leihen / das er darinn kochen soll / vnd solte er hungers sterben / wie ers gewölt vnnd jhm gefallen hat / habe ich jhm geschirr geliben / das hat er mir gelöchert vnd zerstossen / nůn můß ich die stück mir selbs behalten. Der Knecht gab dem Junckherrn die Ketten / der ryth hinweg mit frewden / vnnd warend das par Leynlachen auch zerrissen.

Ein Schatzgraber vermeynet er hette ein Schatz funden / da hatte er das Beth voll gehosieret.

EIn Schatzgraber was zů Nürenberg / dem Traumet auff eine nacht / wie jn der Teuffel auff ein Acker fürt / da solt er graben / er würd einen grossen Schatz von gold finden. Er grůb inn / vnnd fand den Schatz. Der Teuffel saget zů jhm: Es wirdt sich jetzunder nit gebüren / das du den Schatz hinweg

hinweg nemmest / sondern zeichne das ort vnd den platz recht wol / das er von dir allein vnnd sonst niemands bekant sey. Der Schatzgraber fraget wie ers zeichnen solt? Der Teuffel sagt: Scheiß darzů einen grossen hauffen / so wirt niemands vermeynen / das gold da begraben oder verborgen lig / auch wirt disen handel gar niemands erfaren / dann du allein. Er bewilligts / hofiert ein grossen dreck / was er in seinem leib vermochte zů dem Schatz. So bald als er erwachet / befand er / das er das beth voll geschissen hette / jhm was der Schatz vnnd das gelt inn dreck gefallen / vnnd lag im Senff biß vber die ohren. Er stund auff / wůschet sich / vnnd stancke wie ein widhopff. Wie er aber seinen hůt also finsterlich auffsetzen wil / so haben jm die katzen darein geschissen / vnd darzů voll gebrunzt. Er satzt jhn auff / wůste nichts darumb / so lauffet jm der dreck vnnd katzenseych vber den kopff ab / durch den bart vnnd allenthalben / ward also vnden vnnd oben / inwendig vnd außwendig / voll drecks vnd katzen

 seych /

seych / darzů was jhme sein güldener traume inn dreck verwandelet worden / den gefundenen Schatz auch mit dem arß versiglet.

Ein Teutscher Edelmann macht eim Welschen Cardinal lufft am Tisch / auff sein weiß vnd der Teutschen monier.

ZV Rom was ein feyster / dicker / auffgeblaßner Cardinal / der wolte im Augusten / so die Sonn am heyssesten scheint / zů imbis essen. Sein hofgesind was aller auff dem gejägt / also das er niemands hette / der jm lufft oder windt vor dem tisch machte. Ohngefehrlich stund ein lantzknecht / ein teutscher Edelmann da / der was mit anderen hinein ghen Hof gangen / (welcher ohn das den Welschen in sonderheit / mit jhrem Pomp vnnd Pracht feind was.) Der Cardinal liesse jhme sagen / er solte jhm Lufft vnnd Windt vor dem tisch machen. Dieweil er aber nicht des Cardinals Diener was / sonder frey sein gelt verzehret / sprach er: Er köndte nichts darmit / wüßte auch nicht / wie es der Cardinal haben wolt. Der Cardinal ließ jm anzeigen / er solte es auff sein weiß vnd auff gůt Teutsch machē / wie es jm gefiel / so wer es recht. Wolan saget der Edelmann: Ja auff Teutsch kan ichs wol / das es jederman mit der nasen vernemmen můß. Man bracht jm ein flabel / oder muckēwadel / den wolt er nit / sagt: Jch kan wol lufft oder wind on ein flabel machen. Gleich bald hebt er auff ein bein / vnnd ließ ein grossen furtz. Hebt das ander bein auch auff / ließ noch viel ein hellern vnd stercķeren vor dem essen / es solte einer ein Esel daran gebunden haben / namme sich nichts an vnnd gienge hinweg / saget das were seine weiß vnnd auff gůt Teutsch ein lufft gemacht. Jetzt wölte er in seine Herberg gehen / wenn der lufft vergienge / solte man es jhme anzeigen / so wolte er kommen vnnd wider ein andren machen / der stercker

sein

sein müste dann der gewesen were. Die vmbstender lachten/sagtē auff Welsch züsammen: Es wer ein Pestilentzischer böser gefälschter lufft (dann er stancke vnbillich vbel.) Aber der Cardinal liess jhn nicht mehr berüffen/ das er jm auff Teutsch monier/ vnd auff sein weiß/solte vor dem Tisch/ windt oder lufft machen/er hette sonst stettigs die naß verheben müssen.

Von einer frawen/ die wolte den kopff decken/vnnd ließ jr in das hinder gewölb vnd vorder kensterlin sehen.

ES was ein fraw die hette den Erbgrindt lang gehabt/ das jr die haub was gezuckt worden/ vnnd der kopff blüt vnd kal. Einßmals ward sie vonn jhrer Nachbewrin eilends berüffen/ zü jhr zü kommen. Sie hett aber zü allem glück keinen schleyer auff/ gedacht auch nicht/ das sie einen auffgethon

thon hette. Als bald sie so eilends vnnd blütt zůr thüren außlaufft / so schilt sie ein ander Fraw / sprach: Warumb sie den kopff nicht deckte? Die gůte Fraw erschracke / hatte nicht gedacht das sie kein schleyer auff hette / Will bald den rock hinden auffheben / vnnd vber den kopff schlahen / so erwůschet sie leyder das hembd darmit / vnnd schlecht den rock sampt dem hembd alles vber den kopff / das man jhr das gewölb sampt dem keller sahe. Sie erschracke noch vbler / wil flucks zům hauß einlauffen / vnd strauchet / stürtzt auff hend vnd füß / alda můst jedermann erst das jenig sehen / das vorhin noch verborgen gewesen. Jederman lacht des seltzamē gesichts / vnnd wunderbarlichen sternens. Sie wüschet gleich auff / vnnd ins hauß hinein / thet ein schleyer auff / gienge wider zů der nachbewrin / vnd richtet erst jhr gescheфt auß. Es ist dannocht den Weibern ein sorg darauff zů haben / dz sie mit dergleichen mißgriff thůn / wenn sie den kopff mit den röcken decken wöllen / vnd erwüschen die hembder damit / legken

legken dann den arß bloß vnd nackend/ daruon dann jederman ein grausamen grossen schrecken empfacht.

Vil Kauffleut wündschten mancherley Reichthumb vonn Herrschafft.

ETliche vil Kauffleut stunden bey einander zů Nürenburg auff dem Herrenmarckt/ hetten mancher hand anschleg vnd wündschungē/ Einer wolt er were ein Keyser. Der ander wündscht dz er ein Bapst wer. Der dritt wünscht jhm ein Fürst zůsein. Der vierdt also. Der fünfft diß. Der sechst dz. Es kā die frag an einen jungen der was von Preßla auß der Schlesing/ der saget: Wenn ich wündschen solt/ vnd das es war würde/ so wolt ich wündschen/ das ich ein Pfebe oder ein Melon were. Die andern fragten/ was er da für ein närrischen wundsch gethan hett/ weshalben er eben das wündschen wolte?

Darumb/

Darumb/das mir/sprach er/jederman für den arß oder das hindertheil müßte schmecken. Es ist der brauch/wenn man Melonen oder Pfeben kaufft/so schmecket man zů vorderst allwegen an das hindertheyl/da findt man ob sie faul oder frisch sindt. Darumb hat der Jung kauffmā gewündscht eine zů sein/das er vil schmecker hett/gegen dem gewelb zů.

Von einem Prediger der Sanct Christoffel so hoch lobete.

EIN Questionierer zohe mit S. Christoffels heiligthumb/von dorff zů dorff/die Bawren zů bescheissen/Sagt/er hette ein Reiß vonn dē baum den S. Christoffel in der hand gehabt/auch ein forderen seckel vonn seiner Täschen/vnnd das lid vonn des Brůderlins Lucern/das jhm gezündt hett/Vnd weñ er prediget/so lobt er S. Christoffel vber alle Heiligen GOttes/

Darumb

Darumb das er Gott auff seinen achseln getragen/ fraget auch dickermalen auff der Cantzel/ sprach: Ach lieber/ sage mir einer/ wie möchte doch jemands so heilig gewesen sein/ als S. Christoffel/ der so offt vnnd dick Christum getragen hat? Wer ist doch je also selig gewesen/ dann allein S. Christoffel/ Ja/ niemand auff Erdtrich? Das triebe er dann so lang/ das jedermann verdrüßlich ward zů zůhören. Einmal macht er es wider so lang/ lobet vnnd růhmpt S. Christoffel für vnd für/ das er Christum hette getragen/ vnnd die genade were niemands auff Erdtrich nie begegnet. Da was auch ein Speyuogel an der Predig/ der mocht nit mehr schweigen/ fienge an vnd sprach: Lieber Herr was balgen jhr so fast/ diesen morgen mit S. Christoffel/ meynet jr nicht/ das man jr mehr findet/ dann eben S. Christoffel/ die auch Christum getragen haben/ Ja wol anders/ dann S. Christoffel. Der Questionierer sprach/ das were nit müglich. Darauff der Bawer sprache/ der Esel/ den Joseph hett/ ist seliger dann gen dann S. Christoffel / der hat Christum vnnd seine Mutter darzů / inn Egipten vnnd wider herauß getragen / dem hat Gott mehr gnad bewisen / dann S. Christoffel der jn nůr vber das wasser oder bach getragen / hette er jhn also hin vnnd wider geketscht / als jhr heut daruon geschwetzt / so wer es lang zeit gewesen / das er nůn zů morgens äße / er solte doch gar nahe verschwecht sein. Der Questionierer sahe / das er die wyspelsupp wol verdienet hette / ließ die Leuth heym ziehen / vnd machet er das ampt auß / mercket wol das er nicht viel platz bey den Bawren mehr hett / Darumb zohe er mit seinem zerissenen Heiligthumb in ein ander Dorff.

Von einer vngetrewen Schwieger.

ZV Dieterichs Bern / name ein Junger Gesell ein Frauwen / ein hübsche Jungfraw. Sie hieltē sich so freundtlich vnd holdselig mit einander/ das er gantz bleich ward / vnnd die farb gar verlor / die hosen waren jhme auch zů weit worden. Das mercket sein Mütter/ vnnd forcht/ er möchte etwan in ein kranckheit fallen/ das er der frawen also nahe was/ befahle jhm ein handel zů Teruis außzůrichten. Als er aber etwan zehen wochen außgewesen/ vnd die jungfraw seines langen außsein/ vngedultig was/ so sicht sie ein mal zween spatzen mit einander schertzen/ als die so offt auff vnnd ab sassen/ bedachte sie jhr ellend/ vnnd saget zů den Spätzlein: O lieben Spätzlin jhr erbarmen mich/ das jhr so offentlich da sitzt/ vnd gůt leben habt/ fliehet etwan vnder ein dach/ wo mein Schwieger käm/ vnd euch alsohe machen/ so würde sie euch auch gen Teruis verschicken/ das jhr ein viertheil Jar nicht wider zůsammen komen könten/ sie hat mir es auch thon mit meinem lieben Haußwürt/ vnnd er ist noch nicht wider kommen. Demnach als die Spätzlin feyerabendt hetten / flogen sie hinweg / GOTt geb was das

närrische

närrische weib gesagt hette/ oder wenn jr Mann wider käm.

Von vergleichung der straff des Todtschlags zwischen den Genuesern vnnd Griechen.

DJe Genueser haben ein grosse Stadt bey Constantinopel ligen/ die heysset Pera/ darinnen einßmals die Kauffleut mit den Griechen vneinß wurden/ schlügen einander/ das etliche Todt liegen blieben/ etliche hart verwundet waren. Die sach kame für den Keyser von Griechen/ der ließ die seinen fahen/ vnd jnen zů straffe die Bärt abscheren (welches dazůmal ein grosse schandt vnd straaff bey jn war.) Es verdroß den Stadthalter von Genua/ der dazůmal zů Pera was/ das die Griechen jnen zů verdrieß/ also spöttlich waren gestraaffet worden. Erlaubet der erschlagenen Genueser

 freund/

freundtschafft/wo sie die Griechen/ankommen möchten/so solten sie sich mit der faust rechen. Das geschahe/vnnd schlügen viel Griechen inn kurtzer zeit zů todt. Es kame ein grosse klag vonn dem Keyser von Griechen/ an dē Landuogt vonn Pera der erschlagenen halben. Er ließ die todtschleger greiffen/ entbotte dem Keyser/er wolte sie nach jhrem verdienst straaffen/der Keyser was zů frieden. Der tag ward gestellt/ Viel gerüst vnnd galgen wurden auffgericht/alles Volck lieffe herzů/wolte sehen die todtschleger richten/vnd wie man mit jnen vmbgehen würde/dann da waren Hencker/Pfaffen/vnd jedermann so zů dem Gericht gehöret/zůgegen/vnnd die leytern stunden an den galgen angebunden. Es war ein grausam vnnd ernstliches wesen. Die gefangnen wurden daher geführet/man trůge jhnen die Creutz vor/man tröstet sie/vnd bettet jhnen vor. Also ließ der Stadthalter ein stille durch den Weibel außschreyen/hůb an/vnd sagt: Ihr lieben Burger vonn Pera/jhr habt gehört/

hört / wie die Griechen zů Constantinopel / welche die unsern newlich Todt geschlagen / gantz und gar spöttlich gestraffet worden sind / Nemlich / das jhn der Keyser die Bärt hat lassen abscheren / unnd sie darmit ledig gelassen. Jetzunder aber / begeret er / ich soll mit diesen todtschlegern zům strengsten unnd mit grausamster peen / sie zů straaffen / fürfaren. So kan ich (bey meinem Richterlichen ampt) nichts anders in mir befinden / dann das alle gleichmessige händel auch mit gleichförmiger peen / compensiert und verglichen sollen werden. Nůn dieweil ich denn dem Keyser zůgesaget hab / die ubeltheter zů straaffen / das will ich gäntzlich thůn. Unnd dieweil er der Keyser / jhrer köpff unnd lebens verschonet / und die peen mit abscherung der bärten fürgenommen / so wil mir gebüren / das die straff auch nit anders gehalten werden soll. Darumb erkenn ich / das sie der Nachrichter nemen / und auff den bauch auff ein tisch legen / unnd jhnen allen nach einander das haar im arßloch / unnd umb die kerb / sauber vnnd glatt heraussee abscheren solle / auff das wenn die Griechen solche peen vnd straaff nicht glauben wöllen / vnnd die malzeichen zů sehen begeren / das sie als dann den Genuesern oder Peranern / on alle jrrung vnnd verhindernuß des verwirreten haarß / mitten inn das gewölb gucken vnd sehen könten / damit sie spüren möchten / das diese ergangne todtschleg zů beyden theilen gleichmessig gestraaffet weren. So bald der Nachrichter die vbeltheter auff die bänck legt / vnd sie herombher keret / will anfahen zů scheren / ist alles volck hinweg gelauffen / haben jnen in jhre finsteren schwartzen kerben nit sehen mögen. Damit ist die abscherung der Bert / mit der bescherung des haars im arßloch / gegen einander verglichen worden.

Ein Wittfraw begert ein alten Mann / doch das er nicht schwach were.

Es was

ES was ein andechtige Witt-
fraw zů Münchē im Beyerland/
die sprach auff eine zeit zů jhrer
nachbewrin: Ach liebe nachbewrin/ Es
wil mir (můß ich euch klagen) ohne ein
haußwürt hauß zů halten/ schwer vnd
verdrossen sein/ Ich laß bleiben/ das ich
nicht viel mehr nach diesem jrrdischen
wesen frage/ oder deren gleichen sorgen
nachgedencke/ noch wolte ich aber gern
einen gůten tugentlichen Mann ha-
ben/ doch der eines gestandnen Alters/
vnnd des schnöden narrenwercks müs-
sig vnd růwig were/ allein vnd vil mehr
begerte ich einen zů auffenthalt meines
lebens/ dann andere vrsachen halben/
wie jhr gedencken möchten/ dann ich
ohne das nůn mehr das heil meiner see-
len/ weder diß gauckelwerck/ betra-
chten sol. Die nachbewrin hett ein mit-
leiden mit jr/ sagt: sie wolt achtung ha-
ben/ vnd jhr vmb ein solchen Mann zů-
trachten/ allen müglichen vleiß fürwen-
den. Des anderen tags kam sie wider zů
der Wittwe/ zeigt jr an/ das sie jr ein sol
chen mañ bekomen/ welcher all dise tu-

genden/Ein ehrlichs alter/ vnd freund liche zucht wie sie selbs begerte/ an jhm hette/vnnd nemlich zům aller fürnemlichsten/ dessen sie auch gerne entladen sein wolt/des kleinen handwercks(wie sie angezeiget) des wurde sie bey dem Mann gantz vnd gar frey sein/dann er hette keinen werckzeug mehr/ darmit man pflegete die Kinder zů schnitzlen/ es were jm alles außgeschnitten/sie solte nůr růwig vnnd on alle sorg sein. Da die Wittwen das hőret/das der Mann kein gőtzen Jäckel mehr hette/ da speyet sie vber jhn auß/ vnnd saget: Ey so nemme jn der leibhafftige Teuffel/ was solte ich mit mehr Kappen inn meinem hauß thůn/ Jch hab jhr ohn das zů vil/ das ich jhr alle mal einen würge/ vnnd jsse: Jch hőre wol/ wenn wir etwann vneins vnd stőssig vnder einander würden (wiewol man inn der Ehe friedlich leben soll) wer wolte vns aber vereinigen/ vnnd den Frieden zwischen vnns machen/ wenn der Friedmacher nicht daheymen/ oder sonst Kranck vnnd schwach were? Neyn/neyn/ liebe nach-

bewrin/

bewrin/kompt nur mit dem Mann inn das hauß nicht/ jr dörfft mir auch vmb keinen mehr reden. Jhr wisset freylich selber wol/ das kein alts rostigs Capellin niergends ist/ das man zům jar ein mal/ zwey oder drey nicht wol besingt/ also das die Kirchweyhe darinn gehalten wirdt/ dasselbig lasset mir auch gedeyen. Die Nachbewrin saget: Ja ich kan gedencken/ wenn euch da weh ist/ so kan ich euch nicht helffen/ jhr müßt euch ein andern kratzen lassen/ da euch beißt/ vnd der euch ewere Capell nach notturfft besingt/ gienge darmit vonn jhr.

Ein Bischoff aß Rebhüner an eim Freytag für Visch.

IN Hispania der Stadt Corduba/ da was ein Bischoff/ der ritt auff ein Freytag vber feld/ kehret inn ein herberg ein. Der Würt hette keine Fisch/ nichts anders dann

Vögel vnnd Rebhüner. Der Bischoff hieß jhm zwey zůrichten / braten vnnd zům essen fürtragen. Es nam seine knechte wunder/was jr Herr damit vermeynet/ das er am Freytag wolte Räbhüner essen/ so er sonst an einem Sontag nichts darnach fraget / auch besunderlich dergleichen speisen / an solchen tagen verbotten weren. Sie sagten jhm es/ob er nicht gedechte/ das es Freytag were/ vnd dieses Rebhüner / vnd nicht Visch weren. Ja sprach der Bischoff: Ich will sie für Visch essen/ vnnd nicht für Fleisch. Sie verwunderten sich der reden noch mehr. Der Bischoff saget zů jnen: Jhr Narren / wißt jr nicht das ich ein Priester bin/welchs ist mehr/auß brot den Leychnam Christi zů verwandeln/oder auß Rebhünern Visch zů machen? Also macht er ein Creutz darüber/ vnnd gebotte/das die Rebhüner von stundan solten Visch sein/vnd sagt: Also starck sind meine wort/das dise Rebhüner jetzund gůte Visch sind / wiewol mans aber nicht sicht / so můß man es glauben/ dann der glaub macht vns selig/

lig/vnnd behelt auch die welt. Behielte auch die zween Visch bey jm / vnd aß sie alle beyd /gab seim gesind geschorn rů-ben/wie der Welschen brauch ist. Also was auch vorzeiten Brůder speckly/der aß ein Capaunen für ein zeißlin / saget: Es neme jhn wunder/ das jhn auff das klein vǒglin so bald dürstet.

Von einem Bischoff/der vier fůß hett.

DER Ertzbischoff zů Cölln / der hette einen Narrn bey jhm/ der jm sehr lieb was / er handlet was er wolt / so můßt der narr zůgegen sein / auch zů nacht vnden an seim bett schlaaffen. Einßmals hett er ein Nunnen bescheiden lassen / Die lage an des Bischoffs beth. Da nůn der Herr schlaffen lage/ da greyff der Narr vnden am beth vnder die deck/ wolt sehen/ob dem Herren die fůß warm weren. Er greyff ein/sagt: Ist der fůß dein? Der Bischoff saget: Ja. Er greyff noch einen/fraget ob der ob der auch sein wer? Der Bischoff saget: Ja. Er greiff den dritte͂ vnd vierdten füß auch/ vnd fraget zů jedem füß/ ob er sein sey? Der Bischoff saget allwegen ja. So stehet der Narr eilends auff/ springt an Laden/ vnnd schreyet vmb sich/ man soll thür vnnd thor wol verhüten/ der Bischoff seye vierfüssig worden/ er werde jhnen sonst entlauffen/ im beth seyen jhm zween füß noch mehr gewachsen/ weder er gehabt/ da er schlaaffen gangen sey. Also hat man des Bischoffs handel innen worden/ Narren vnd Kind/ sagen gern die warheit. Es ist nicht allezeit gůt/ der Narren sich zů viel annemmen oder bekümmern/ sie lassen gewonlich eim die letze.

Von Sanct Franciscen Brůch/ wie die auff einer Frawen beth funden worden.

ZV Bononia was ein Reicher Burger/ der hette ein schön hübsch weib/

weib/welche zů eim Barfůsser Münch/ den sie zů einem Beichtvatter angenomen/offtermalen jhre Sünde zů beychten vnnd klagen gienge. Der Münch ward gegen jhr inn Liebe entzündet/redet also lang mit jhr/ das sie zůletzt jren willen (lauter vmb Gottes willen) dar ein gab/das dem gůten Brůder geholffen werden mocht. Nůn wolte sich die sach gar niergend rincklen / sondern die Frauw machet sich schwerlich kranck/ batt den Mann / das er jhr / den jhren Beychtvatter holt/ (den Münch meynende) sie wolte gern Beychten. Der Mann thet es. Der Münch kam/jederman trat ab / der Münch hörte sie beychte/vnd Examiniert sie offt nach notturfft. Es wolte dem Mann zů hertzen gehen das lang beycht hören / gedacht/ der Münch würde sie villeicht zů tieff fragen. Der Mann raspelt an der thür/ vnnd will hinein. Dem Münch warde schier die zeit der Absolution zů kurtz worden/můßte entlauffen / vnnd hette sein brůch auff dem beth liegend / vergessen. So bald der Mann die brůch

auff

auff dem beth befindet/ schreyt vnd flů-
chet er/ sagt: Der Münch hette jhm sein
kranck Weib in aller schwachheit nöti-
gen wöllen / vnnd zeyget jedermann die
brůch / laufft ins Kloster / saget es den
andern München / drowet darmit dem
Beichtvatter/ er wölte jn zů todt schla-
gen. Ein alter Münch der sagt: Ob er
auch die brůch angerürt hett? Ja/ sagt
der Mann/ ich hett ein lust gehabt/ das
ich sie verbrennt hette. Das solt du bey
deim leben nicht thůn / du hettest nicht
gůts gnůg / du soltest sie auch nicht an-
gerürt haben/ dann die brůch ist heilig/
vnnd ein besunder heiligthumb zů den
Krancken Frawen. Der gůt Herr / den
du da schiltest/ vnd jm den tod drowest/
der hat sie mit vnserem willen mit jhm
genommen / die fraw darmit zůbestrei-
chen / das sie gesundt werde / so hast du
jhn verjagt/ vnnd jhm vnrecht gethan/
dann das ist vnseres heiligen Vatters
Sanct Franciscen Brůch / die müssen
wir mit einer grossen Procesś vnd Sol-
lennitet widerholen. Darumb gehe du
heym / eillends bereyt dein hauß / vnnd
zünde

zünde Kertzen an / wenn wir kommen / das alle ding gerüstet seyen. Der gůte Mann hat den zorn fallen lassen / gienge heym / ließ zůrüsten / legte die Brůch wider zů der Frawen auff das beth / saget jhr / das es Sanct Franciscen brůch were / vnnd er hett es nicht recht erstmals verstanden. Der alt Münch brachte dem Conuent die außrede für / es gefiel jhn allen wol. Sie zogen mit creutz / Fanen vnnd gantzer Proceß inn Ordnung zů des Burgers hauß / wolten die heilige Sanct Franciscen brůch holen / vnnd wider in das Kloster tragen / empfahen sie mit grosser andacht / vnnd legten sie auff ein seydin küssen / wie ein heiliges Heiligthumb / tragends hoch entbor inn den Henden / vnnd gebends erstlich dem Haußherren / darnach der krancken Frauwen / (sie wußt aber die krafft der Brůch baß / dann sie alle im Hauß) vnd allen denen / so jnen begegnetē mit grosser andacht zůküssen. Demnach beleytē sie die heilig Sanct Franciscen brůch / mit gesang vnnd andern

Ceremonien/inn die Sacristey/zů dem anderen Heyligthumb. Also hat der Mann die brůch funden/dieselbige mit andacht geküßt/vnnd ist die fraw der kranckheit genesen. Dem Beichtvatter darzů sein brůch wider worden/vnd alle ding zů frieden gestelt gewesen.

Von einem Narren/den wunderet das die Frawen das wasser behalten möchten.

EIN Narr was in des Marggraffen frawenzimmer/hieß Hänßlin vonn Singen/der höret einßmals die Jungfrawen das wasser abschlagen/vnd da es weidlich rauschet/hůb er an laut zů lachen/vnnd machte das Creutz für sich. Eine fraget jhn/vnd sagt: Henßlin was lachstu so laut? Wie ist es dir gangen? Bocks martel/saget er: Soll aber ich nicht lachen/es nimpt mich gar vnd gantz wunder/wie jhr inn dem geschirr/welches vndersich

offen

offen stehet / das wasser behalten kön-
nen / das habe ich an dem vnbillichen
rauschen wol gehört / vnd wenn es mir
mein leben gelten solt / so wißt ich nicht
holtzöpfel darinn zů behalten / das sie
mir nicht alle herauß fielen. Die jungk-
frawen nammens für ein narrecht red
an / wie sie dann ohne das wol an jm ge-
wont waren / vnd lachten dazů.

Von einem Buler / der seinen bůlen für den arß küßt.

EIn Junger Student was zů
Ingelstadt / der gewann eins rei-
chen Herren Magdt vaßt lieb /
gieng tag vnd nacht für das hauß auff
vnd ab / schreib jhr brieflin / vnd gab jhr
auch andre waarzeichen seiner lieb / da-
mit er vermeinet / er were auch von jhr
lieb gehabt. Einßmals hört er sie nächt-
licher weil herniden inn jhres Herren
hauß am wasserstein bey einem fenster
singen / vnnd schüßlein weschen. Der

Cuculus kame auch / stund außwendig für das wasserstein loch / vnnd saget: O du hertzes lieb / ich bin dir so lang nachgangen / das ich gern etwas heymlichs mit dir geredet hette / wie du selbs gedencken kanst / ich habe dir zů gefallen viel gelts verthon / nůn es hilfft sihe ich wol alles nicht. So wil ich dich doch ein ding bitten / beut mir deinen schönen roten mund zů dem fenster herauß / vnnd laß mich dich nůr einmal küssen / so wil ich darnach vernůgen haben vñ ablassen. Wenn du darnach mein müssig gehen wilt sagt die Magdt: so will ichs thůn / es můsse aber heymlich zůgehen. Der Narr sagts jr zů. Sie was jm zů gescheid / steig auff den wasserstein / hůbe sich hinden auff / bott jhm das gewölb zů dem fenster hinauß. Da es also weiß war / da meynt er nicht anders (dann es was finster) es wer das angesicht / vnd vor grosser lieb vnnd einbrünstigkeit / wůschet er herbey / vnnd küsset sie einmal oder zehen. Am letzten thet er einen mißgriff / vnnd was schier mit der nasen inn die kerb gewůschet / vnnd inn

densel-

denselbigen graben gefallen. Weil aber ohne das solches orth so einen geschmack hat/wie ein viol/ da meynet er sie hette das maul auffgethon/vnd hette nicht ein gůt kemmat/ hőret auff zů küssen/ vnnd saget: Botz Erdtrich da mercke ich erst/ das du ein stinckenden Athem hast. Neyn/ neyn/ Jch küsse dich nicht mehr/vnnd gienge heym/ da gewann die Liebe auch ein ende. Dieser Magd arß wz dazůmal ein Heilthumb worden/der Student hett schier ein halbe stund daran geküßt vnd geleckt.

Zween Studenten betrogen einen Scharwächter.

ZV Basel was ein Goldschmidt/ ein freyer künstler/ d hieß Vrs Graffe/was ein gůter Studentē freund. Der richt einmal zween Studenten an dz sie nächtlicher weil/ am kornmarckt von seim hauß vber die gassen ein seyl/ das er jn gab heymlich spannen solten/

demnach Lerman anfahen / so würden die Scharwächter darzů lauffen / da würde einer ein hübsches fallens sehen. Die Studenten volgten / es was jhnen wol darmit/kamen auff ein nacht/richteten mit hilff jhres Bůbenvatters/die seyl zů / nach aller handlung / auffrichtung/ vnd jrer wachtbestellung / gehen sie an einem hauß heymlich her / so finden sie ein Scharwächter an der wand sitzen / der schlieff hart/ vnnd hette sein backenetlin vnd hendtschůch von jhm geleget. Die zween nemend das heublin bald/tragens auff ein ort/scheissens vnnd bruntzens voll / legends jhm still vnnd heymlich wider dar / gehen demnach gegen der Eyssen gassen zů / zucken vonn leder / hand ein groß gebrecht/ schlagen zůsammen. Die scharwächter stuben von allen orten herzů / dem Lerman nach. Vnd als sie an dē kornmarck kamen / fielen sie vber die gespannten seyl/Da lag ein hellēbart/da der mann/ da das backenetlin / da zween oder drey auff einem hauffen. Vnnd der Scharwächter so geschlaaffen / wůschet auch

auß

auß dem schlaaff / will sein backanetlin flucks auff setzen / vnnd zů dem lerman lauffen / so ists voll geschwitzt / vnd stürtzet den dreck vnnd seych alles vber den kopff ab (das was zů erbarmen.) Der Goldschmidt saß inn seim kellerhalß / vnd hett die gespanten seyl bey jhm an besonderen riemen / inn der hand. Dieweil sie sich wider zůsammen lassen / die hellenbarten vnnd anders in der finstere suchten / zohe er die seyl zů jhm / vnnd durch den keller ins hauß auffhin / nam ein liecht / laufft hinauß vnd zůndt den Scharwächtern / das sie jhr ding wider funden / damit kundt er auch sehen wer sie waren. Er stellt sich heßlich / sprach: Er were erst vom beth auffgestanden / vnnd führet sie also auff dem gantzen kornmarck vmb / vnnd suchten die seyl / auch die / so es gethon hetten. Jnn derselbigen weilen / waren die Studenten / in des Goldschmids hauß / wider heym kommen. Da er das vermercket / name er vrlaub vonn den Scharwächtern / giengs heym / sie danckten jhm vleissig / das er so gůten ernst / mit jnen gebrauchet hette / hetten sie die rechte warheit gewußt / würden sich ohne zweyuel anders gegen jhme gehalten / vnnd den armen Judas auff der borkirchen jhm gesungen haben.

Von dreyen Studenten / die ein dreck in der Milch finden.

AVff der Hohen Schůl zů Erdfort / waren drey Studenten / die wolten einßmals im Sommer vor der Stadt in dem kalten wasser baden / Vnnd auff einem Meyerhof daselbst / der heyßt der Prüel / hette der Bawer allwegen ein grossen hafen mit Milch / vor dem fenster stehen / die er etwann morgends / etwann abends gemolcken / darauß er dann Buttern oder käß machet / oder sunst zů seinem gesind im hof brauchte. Derselbige hafen mit Milch ward jm etlich mal durch die drey Studenten heymlich gestolen / vnd hinweg getragen. Der bawer ward der sachen innen knnen / das jhm die Studenten / imm schein zů baden / die häfen mit Milch hinweg trugen. Er name ein anderen grossen newen hafen / vnd hofiert er vn̄ die fraw drein / füllten jn mit Milch zů / vnnd stellten jhn wider für das fenster / giengen dauon. Vber ein weil schlichen die Studenten herzů / namen jhn auch / waren fro / das es so ein grosser hafen war / vnnd voll Milch. Sie trůgen jhn heym / assen vnd trancken wol drey tag an der Milch / vnd vonn dem dreck. Da nů die Milch auß was / so fallen zween grösser klumpen oder klötz von dem boden auß dem hafen. Es wunderet sie / was dz für ein coagulierte materi were. Der eine greyffe mit einem finger darein / so greyffe er inn Dreck / gleich von stundan gienge der rauch daruon / was es für bysam war. Er greyffet baß / bescheisset die finger gar. So baldt sie sahen / das sie wol drey Tage / von den zweyen hauchholtern in der Milch getruncken hetten / kame sie ein grawen an / speyten vnnd kotzten alles das sie in vier woche hieuor gessen hetten / sahen wol/das jnen die bon worden was/liessen dem Bawren seine Milch fürter zů frieden. Wer alle schleck versuchen wil/ der verbrennt auch zů zeiten das maul gern.

Ein Pfaffenmagt thet alle ding ehe sie es geheyssen ward.

DEr Pfarrherr zů Duntzenheym/ Herr Wilhelm geheyssen/ hette ein Magdt/ die also sorgsam was/so offt sie der Herr fraget/ ob auch das/ oder dieses/ beschehen were/ so sprach sie allzeit/ es were lang hieuor außgericht. Auff ein zeit hett der Herr auff sein kirchweyhe/vil lieber gest/ denen rhůmet er vnder anderen reden die sorgsamkeit der Magdt. Sie aber die Magdt/ hőret das in der kuchen durch das fenster so in die stuben gieng/ name auch waar was die Gest darzů sagten. Einer vnder jnen sprach: Jch weyß etwas/ das fragend sie Herr Pfarrherr/ das

das weyß ich das es nicht geschehen ist/ Fragend / ob sie ewern lündischen rock/ der im summerhauß ligt / den jhr heut auff der Kirchweyh angehabt haben/ nicht in das stendel mit wasser/ das vor der thüren stehet/eingetruckt hab/was gelts / sie wirdt es nicht gethon haben. So bald die Magdt das hörte / lauffet sie behendt / nimpt denselbigen rock / trucket jhn in dasselbig bütlin mit wasser / schweiget still/ gehet in die kuchen/ vnd nimpt sich nichts an / dann sie wuste wol das sie darumb würde von dem Herren gefraget werden. Vber ein weil rüfft jhr der Herr/sagt: Hastu auch meinen newen rock / der im Sommerhauß ligt / inn das bütlin mit wasser vor der thüren eingetruckt? Darauff die magd sagt: Botz leychnam es ist vor einer güten weil geschehen / er were nün schier bald zeit auß züweschen / gehet hinauß vnd besehends selbs. Der Pfarrherr saget: Ey du hast dir die Beul vnd Pestilentz außgericht / der Teuffel neme dich mit deiner behendigkeit / thü ein ding wenn man dichs heyßt/vnd thü es darnach das recht ist. Die gest die lachten/ der Pfarrherr warde zornig/ nimpt ein teller/ wirfft jhn nach der Magdt. Die Magdt wendet sich/ er fehlet/ würffet den teller durch den Ofen/ zerbrache wol drey oder vier Kachelen/ sie dräyet sich auß/ vnd entlieff. Das hieß den rock recht eingetruckt. Der Ofen was zerworffen/ vnnd der Rock aller naß vnnd verwüstet/ die Gest lachten jhnen des haders vnnd der Magdt behendigkeit genůg. Aber der gůt Herr rhůmet hernach seiner Magdt geschicklicheit nimmer als hoch als vor/ Dann sie was zů viel geschickt vnnd behendt imn jhrem thůn gewesen.

Ein Junge Klosterfraw gehub sich vbel/ das jr das haar an der Tochter wachssen wolt.

IN dem Kloster Graufftha was vorzeiten ein Junge Jungfraw einkomē/ da sie profeß hett gethon/

gethon/wirdt sie der Eptissin geben/sie in der zucht vnnd Klösterlichen wesen zů informieren vnnd vnderweisen. Als sie nůn anfieng zů jhren jaren kommen/ da hůb jhr das haar an dem Runtzefal an zů wachssen. Sie sahe es / erschrack/ vermeynet es were etwann ein sach/zů einer künfftigen Kranckheit / fienge an vnd gehůbe sich vbel / wolt es doch niemandts offenbaren. Zůletzt warde sie von der Eptissen bey der gehorsam gezwungen/jhr anligen anzůzeigen. Saget sie: Gnedige frauw / ich weyß nicht was mir für ein beltz mit haar / vnden an dem Bauch / zwischen den beynen wechßt/vnd sind die beyn vnd der bauch glatt / vnd haben kein haar / ich förcht vbel/das es etwas böses bedeute. Die Eptissin gab jhr antwort/ sprach: Laß michs sehen. Sie hůb sich auff/ vnd zeigets jhr. Ja sagt sie: Du Närrin / lassest du dich das also kümmern/ es ist ein ketzlein / vnnd ich habe selbs also ein ketzlein zwischen meinen beynen. Die Jung wolts nit glauben / sie hett sie dann auch gesehn. Sie hůb sich auch auff/ vnd zeigt sie der sie der jungen. Als sie die katz gesehen/ saget sie zů der Eptissin: Gnedige frauw/ wie hat ewr katz so ein groß weit maul? Liebe tochter saget die Eptissin: Sie hat jr tag so vilgrosser ratzen erbissen/ wenn dein katz (als ich hoff) so vil ratzē mit der zeit erwürgē wirt/ wie die mein/ so wirt sie ein maul vberkom̄en meiner gleich. Die Junge Nuñ was fro/ das jhr die katz nur am leben nicht schedlich was/ vnnd liesse also das haar fort an wachsen/ was gůter dinge/ biß mitler zeit der bart jr auch geschoren ward.

Von nachtfertigen Geistern.

AVFF der Pfarren zů Langen Dentzlingen im Breyßgaw/ da saß ein Junger Herr vorzeiten/ was erst vnlangs vonn Freyburg kommen/ der machet kundtschafft mit eines Schůmachers frauwen im Dorff. Sie zwey beschlossen mit einander/ wenn er nachts kem/ vnd die thür auffgethon

gethon hett/ (dann er hatt ein schlüssel dazů) so solt er ein groß wesen im hauß machē / vñ frey zů jr in die kam̃er gehn/ die thür einmal/ drey od vier auffthůn/ vnd wider zůschlagen / so würde jederman meynen / es wer ein geist/ vnd sich

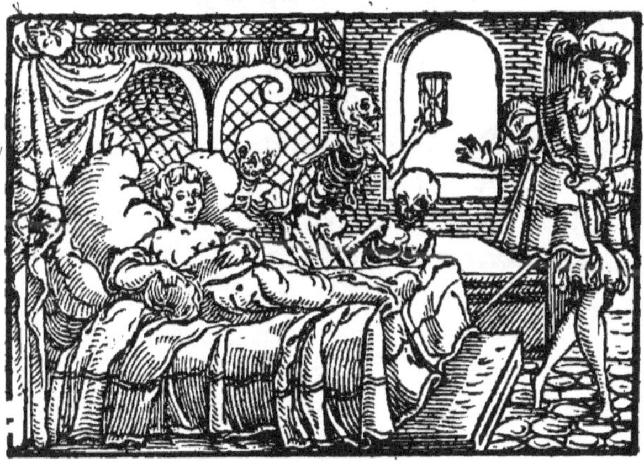

niemand in den betthen regen dörffen / darmit weren sie zů frieden. Die sache ward also beschlossen. Der fromme alt schůmacher lag in einem stüblin neben der kammer/das er sein růw allein hette/ vnd ließ die fraw auch in der kam̃er allein ligen. Nů es was etliche Nächt also ein groß gebochsel/ werffen/schlagen vnd

gen vnd

gen vñ stössen in dem hauß an des mañs stubenthür / demnach an der Frauwen kammer / das jedermann schier im hauß verzaget was / damit was der zůgang des Pfarrherrs / vnnd das nächtlich distillieren deste sicherer. Morgens wenn er wider außhin gieng / so was es wider ein leben also im hauß. Wolan / das gesind wolt nicht mehr im Hauß liegen / der alte etty war auch schier verzaget. Das geschrey was im gantzen Dorffe / niemandt wußte wie dem Geist zů zůkommen wer. Der Mann nam ein mal das hertz in beyde hende / thet sich in ein Harnisch an / name ein hellenbart in die handt / vnnd wartet des Geistes / stellt sich doch oben an ein Stiegen / aber nicht am rechten orth / da der Geist her kam. Als es vmb zwölff vhren ward / der Geist kam hinden zům Garten hinein / gienge daselbst hinauff ins Hauß / vnnd hett nichts anders an / dann seine kleyder / on ein laruen / mit einer wunderbarlichen langen nasen vor dem angesicht. Der Mann stunde an der stiegen / der Pfarrherr kommet oben her /

schlůg

schlůg vnd warff/ dem mann ward das hembd heyß. Wie er den geist bey einem dunckeln Monschein erblicket/ spricht er: Pfey dich Teuffel/ wie sichst du vnserm Pfarrherr so gleich/ wo du nicht also ein lange schwartze naß hettest. Der Pfarrherr geht gegen jm mit der nasen/ der gůt Mann wil weichen/ vnnd fellet hindersich die stiegen hinab. Er schreyt vmbsich/ der Pfaff in die kammer. Die fraw nam ein liecht/ sahe wo der Mann mit dem zünnen geschirr hin gerosselt was/ hůb jhn auff/ füret jhn schlaaffen/ vnnd saget: Ich hab dir doch allwegen gesaget/ laß den Teuffel das sein schaffen/ lege du dich schlaaffen/ es ist nicht gůt mit den geistern zů schimpffen oder vmb zů gehen. Ja sagt der Mann/ hette ich jhn nicht so gründtlich wol gesehen/ so solt er mir ein argwon gegen vnserm pfarrherr gemacht habē/ in allweg ist er vnserm Pfarrherr gleich weder er hat ein schwartz angesicht vn̄ ein vnbillich lang naß/ dz ich gedenck/ es ist etwā ein Pfaff/ der etwan vor langen Jaren

todt

todt ist gewesen/auch verstellen sich die Geist wunderbarlich. Also bliebe der Mann inn seinem beth/sucht den geist nicht mehr/vnd hette die Fraw vnd der Pfarrherr die nacht gůt leben.

Von einer reichen Wittwen zů Canstadt.

ZV Canstadt wonet eine reiche Wittwe/die vonn jederman gehalten was/das sie die allerfrömbste Fraw were/so in der gantzen stadt wonung

nung hett. Die ließ sich einmal durch einen schreiber bereden/ dem sie wol wolte/ das er seinen zůgang haben möchte. Das weret nůn etliche lange zeit. Der Schreiber ward auff ein zeit eines todtschlags gezihen/ Derhalben durch den Stadtrichter befohlen ward/ das man jhn greyffen vnnd gefencklich einlegen solte. Solches hett nůn die Wittfraw (die jederman so geistlich vnnd fromm acht) erfaren/ schicket nach jm/ zeigets jhm an/ vnd fraget jhn der sach. Er saget: Es geschehe jhm vnrecht/ es were am Sontag zů nacht der Todtschlag geschehen (hett man jhm gesagt) da er zům nechsten mal vber nacht bey jr gewesen/ vnd sie beyde nie kein aug zůgethon hetten. Da das die fraw vernam/ sagt sie: Er solt in jhrem hauß bleiben. Vnd gienge zů dem Stadtuogt/ bathe jn/ das er mit dem Jungen gesellen mit der gefengknuß/ des Todtschlags halben/ nit fürfaren noch eilen wolt/ dann sie wüßte das er dessen vnschuldig were/ das wolte sie mit Gott/ der trewen/ vnd dem eyd bezeugen vnnd waar machen. Ey saget der richter liebe frauw / was nempt jr euch des menschen an / ziehet jr heym / vnd laßt mich die sach versehen? Die Wittwe saget: Herr ich will euch sein vnschuld mit warheit anzeigen / das weyß ich / das er in jar vnd tag nicht vber fünff mal nachts ausserhalb meines hauß gelegen ist / vnnd nemlich auff die nacht da der erstochen ist worden / ist er nicht ein augenblick von meiner seiten kommen / wir haben auch alle beyde andere ding so ernstlich zů reden vnd außzůrichten gehabt / Das vnser keins kein aug zůgethan hat. Darumb will ich jhn inn Jars frist was sich da bey nacht verloffen / vertretten vnd vertheidingen helffen: Dann ich viel baß weyß wo er die zeit nächtlicher weilen gewesen / dann kein mensch in Canstadt / das wil ich mit meim eignen leib beweisen / der dessen iñen worden ist. Damit erlöst die Witwe dē jungen von der gefengnuß / vnnd macht sich selbs aller welt zů einer offnen hůrn / dann sie begeret jr hůrerey mit dē eyd zů bestettigen / vnd war zů machen / nůr das der schrei-

ber nit

ber nit gefangen wurd. Wer er vnschuldig gewesen ob er gleich gefangen worden/hett er sich wol selbs entschuldigen können/ sie hett jn nicht dörffen versprechen/ auch jhr eigen selbs glimpff vnnd weiblich ehr so hoch für jhn verbürgen vnd versetzen. Aber was thůt die vnsinnigkeit der frawen/wenn sie angebissen haben. O coecus amor.

Von einem Pfarrherrn der nit wolt das die Bawren die trög in die Kirchen stellten.

ZV Hesenpüttlingen was ein Pfarrherr/der im růff was/das er sich der Weiber im Dorff mehr genehret/ weder jm gebürte. Der wolt sich auff ein tag inn seiner Predig verantworten/ vnnd saget: Lieben freund/jhr habet mich im zieg/ ich halte mich vngeschickt mit eweren Haußfrauwen/ vnd sie klagen nichts von mir/ darumb thůt jr mir vnrecht/ dann nempt war/

jhr nennet die Kirch mein frauw vnnd gemahel / vnnd stellet mir grosse kisten vnd trög mit kleidern / gelt / seiten speck / hammen vnd anderm außgefüllt / herein in die Kirch / welche mein frauw ist / vnd wolt nit leiden das ich mit ewern frawen rede / oder nůr ein kleines würstlin / oder stůck / daruon jhnen mittheile / welchs euch doch gantz vnd gar nichts schadet. Wolt jhr nůn das ich ewerer frauwen müssig gehe / so gehet meiner frawen auch müssig / vnnd thůt die kisten / den speck / oder was jhr hinnen habet / hinweg / oder leidet das ichs gegen ewern frauwen vergleich. Wo nicht / so werd ich den geistlichen Richter anrůffen / vnd mich beklagen / das jhr meiner gespons vnd gemahel / nicht absehen wöllet / vnd darzů nicht leiden / das ich den eweren zů widergeltung auch mittheilen möge / damit gleich mit gleichem vergolten würd. Werdet jhr mir dann in die straaff vnd kosten erkennt / so gedenckend / als waar als ich Herr Felix vonn Buckenheym heyß / vnnd ein wirdiger Priester vnnd Hochgelehrter

Mann

Mann bin/ So will ich euch weder heller noch pfenning daran schencken/ das mögt jr euch versehen.

Ein Augustiner Münch wolt kein Münch/ sonder ein hengst sein.

ES stunden zů Meyntz in der Schůstergassen/ etliche frauwen bey einander/ die schern zů schleiffen/ für die gehet ein grosser/ starcker vnnd mollechter Augustiner Münch. Die eine vnder den frauwen saget: Sihe einer zů / welch ein grosser starcker vnnd trollechter Münch ist aber das. Der gůt Brůder hett das gehöret / vnd sprach: O lieben Frewlin / jhr jrret euch hefftig/ dann ich hab noch keinen mangel an dem hangenden geschirr / das ich soll ein Münch genennet werden / ich binn auch keiner / sondern ein Hengst/ vnnd das gilt weisens. Dabey stund ein Schůsterin / die butzet die schůch auß/ auff den laden zů stellen/ die warde zornig

nig das sich der Münch der weisunge erbotte / vnnd saget: Bistu dann kein Münch / sonder ein Hengst / Ey so sattel vnd reyt dich der lebendige Teuffel / demselbigen thů auch die beweisung / vnnd keinem Christen Menschen. Der Münch hette sein almůsen / zohe in sein kloster / vnd verantwort sich nit mehr.

Von einem Doctor der artzney.

EIn Medicus ein Doctor was zů Straßburg / wo der gienge / so hett er allwegen ein guldē ketten oder zwo am halß hangē. Ein frembder Edelmañ kam auff ein mal gen Straßburg der sah jn / vnd fraget ein anderen Edelmañ / wer der Ritter wer? Der gab jm zů antwort: Es wer kein Ritter / sonder ein Doctor der Artzney. Dz kan sagt der Edelmañ / ein geschickter ein fromer vnd getrewr Artzt sein / welcher anders krancke von der gelsucht erledigen kan / dieselbige jnen abnimpt / vnd sie an sein

halß

halß hencket. O was wirdt er freylich kirchhöf gefüllt habē/biß dz er den halß also schwer mit den gulden ketten gemacht hat. Er müst nit vber mich/ vnd wenn er mir aller hinderst ins kemmat sehen solt/dann ich förcht(so er den gülden ketten also geferd ist) er würd mich auch ein zům wenigsten kosten werden. Es ist wol zů gedencken/ vmb das jenige/ darumb sie vns tag vnnd nacht mit jren faulen Pillulen dreck vnd seych besehen/ liederlich genůg ab verdienen/ das hencken sie darnach an den halß/ tragens vns entgegen/ vnd speyen vns halber dran/ ja bringen sie vnns ächter nit gar vmb die hayt. Ich hab daheym ein Bawren/der hat mir kürtzlich einen tranck gemacht/ das ich die kammern/ haußehren/ das beth/ die küssen/ vnnd schier allen Teuffel im hauß voll gehofiert hett/vnd ward gesund. Disem gulden Doctor hette ich gewiß ein halbe ketten müssen geben/solte dannoch als bald kein vernügen gehabt haben/ sonst hab ich den bauren mit eim imbiß abgewiesen. Giengē also von einander.

Ein bawer nam vrlaub vor der frucht die zů nennen/vnd vor dem vngeschicktern ließ er das vrlaub bleiben.

EIn Meyer führet gült in ein Frawen kloster/das heyßt Frawē brunn/liget im Schweitzerland. Die Eptissin kame zů jhm/hieß jn willkom̃ sein/vnnd fraget jhn/Was er brechte? Er antwort: Fraw ich bring/mit vrlaub zů reden/Gült. Die fraw sagt: Wolan lieber Meyer/führet die pferdt in den stall/vnnd esset in der gesind stuben zů morgen/mittler weil so kompt das gesind/vnnd treget die frucht hinauff/so farend jhr dann wider hinweg. O neyn Fraw/sagt der Meyer: Es sind drey Merhen vnder den Pferden/die haben sich erst auffsteigen lassen/ja ich meyn der hengst sey erst vor gestern auff jhnen gesessen/sie würden den stall vnd alle stend voll scheissen vnnd seychen. Die Eptissin schempt sich/gienge hinweg.

weg. Vor denen groben / wůsten worten name der Bawer kein vrlaub / vnnd schempt sich vor der Frawen / die Gült zů nennen / můste vrlaub daruon nemmen. Das was ein grober Baccalarius / was freylich mit der mistgabel vnd karst in die Schůl gangen.

Ein Redner ließ vor der Hertzogin von Osterreich ein furtz.

EIN Burgermeister in einer stadt / ward zů der Hertzogin von Osterreich geschickt / bottschafft zů werben. Vnd vnder der Oration vñ red empfůr jm / ich weyß nicht was / die Rochersperger nennends ein furtz. Er beweget sich nicht darumb / sonder redt sein werbung für sich. Die Fürstin nam sich dessen nichts an / als ob sie es gehöret hette. Die Jungfrauwen aber / die hinder der Fürstin stunden / lacheten / vnd sahen einander an. Gleich bald / so leßt auch jhren eine vor lachen (das sie

nicht verbeyssen kond) ein junckfraw-
en fürtzlein / das es knallet. Als das der
Burgermeister hort / sprach er: Wolan
lieben Jungfrawen / lassets in der orde-
nung herumbher gehn / wenn mich dann
die zal begreiffen wirdt / so will ich wi-
der anheben. Gleich wie er also standt-
hafftig in seiner red war / vnd die jung-
frawen auch hette schamrot gemacht /
hůb jedermann an vonn hertzen / zů la-
chen / vnnd die Fürstin selber / vnnd hat
jn seiner werbung gewert / auch seiner
schimpflichen antwort halben / gegen
den Jungfrauwen / ehrlich vnnd wol
tractiret.

Von einem der sein lebtag nie in der finstermetten was gewesen.

IM Siebenthal im Schweitzerland / da heyßt das Dorff Erlebach / da kam einßmals ein Alpenknecht in die finstermetten / auff den Karfreytag zů nacht. Vnnd nach dem

die

die Metten auß was/der Pfarrherr das Kyrieeleyson zů singen anhůb / vnd die Bawren gleich darauff die liechter gelöscht / vnnd inn der Kirchen das groß bochßlen vnnd rumplen anfiengen/ erschrack der gůt Heiny/stund in ein winckel / zucket sein Wehr von leder/ vnnd forcht sich vbel / dann er vermeynet der Lerman wer vber jhn zůthůn. Als man aber die Liechter wider angezündet / schreye er zů seinem Nachbawren/der bey jhme in der Kirchen stund/fragt jn/ Ob er nicht wundt wer? Der gůt freund sprach: Neyn/er solt still sein. Der Heiny steckt sein Wehr wider ein. Jn dem so bringt der Pfarrherr vnd Sigrist ein Crucifix / vnd tragen das embor in dem Chor. Nůn hett aber der Schweitzer nie kein Crucifix gesehen / vnnd sprach: so er es ersihet also mit Blůt besprengt/ Ey nůn sey dir GOTT gnedig / lieber Gesell/ werest bey mir gewesen/ es můst dir nicht geschehen sein / Jch habe vor wol gewißt/ das balgen vnnd stürmen/ würde nicht zergehen / es můste Leuth kosten. Das ist das erstmal můß mir

auch

auch das letzte mal sein / das ich in die Kirchen komm / wenn man also hauß- helt / so müste ich letztlich auch darüber zů scheittern gehen / Ich bin ein fremb- der gesell / auff mich hat man nicht viel acht gelegt. Gieng also auß der kirchen zů seinem viehe / vnnd ist inn kein Kirch mehr kommen / Ich glaube er lige noch vnder den melckkůblen begraben.

Gebürliche straaff ist einem Trummenschlager vnnd Pfeiffer begegnet.

Nit weit vonn Altzen / hielt ein Bawer seim Son ein Hochzeit. Zů solcher Hochzeit vnnd freuden / bestellet er zween Spielmänner / ein Trummenschlager vnnd ein Pfeiffer / die warend Burger zů Altzen. Diese zween hetten sich vor wenig tagen / wider der Herren gebott in der Stadt vnnütz gehalten / darumb sie dann strefflich waren / vnd in den thurn erkennt /

darumb auch die Büttel hinauß zů der Hochzeit giengen / vnnd sie beyde vom tantz gefangen hinweg ghen Altzen / inn den Thurn fürten. Das name des Breutgams Vatter wunder / das jhm das geschehen solte / was zornig / laufft eylends zům Burgermeister ghen Altzen / stellet sich vbel / begeret die Männer wider vnd sprach: Er wolte sie verbürgen. Der Burgermeister sprache: Wenn du der straaff vnnd leckerey wilt theilhafftig sein / die sie vor dreyen tagen auff der nechsten vergangnẽ Hochzeit getrieben haben / so werden sie morgen herauß komen. Ja sprach der bawer / allein das ich wisse / was sie gethon haben. Der Burgermeister sprach / der Trummenschlager hat vnserm Rahtsbotten / jhentag zů nacht an der stegen die füß fürgehabt / also das er von oben die steg durch hinab gefallen ist / vnd ist zů besorgen / er sey die blaß im arß zerfallen / darumb leckt er im thurn / er sole der Herren diener jren befelch schaffen lassen. So hab ich den Pfeiffer ins loch geleckt / der hat beyde Nächt auff der

Hoch-

Hochzeit/meister Florian schmidt/ auff seinen anbiß/ zů beyden schlaafftrünck-en geschissen/ des solt er müssig gangen sein. Neyn herr Burgermeister sagt der Bawer/ ich will nicht mit theilhafftig werden. Was wirdt jhnen aber für eine straaff beschehen/ die sach ist doch nicht zům todt? Der Burgermeister sprach: so gedencke ich wenn die vrtheil gehen/ so wirdt mann sie nemen vnd vber den besenmarckt jagen/ vnd jnen thůn/ wie sie gehandlet haben. Ja wie/ saget der Bawer/ O lieber Herr/ saget mirs/ es soll geheb bey mir verborgen sein? So wirdt man saget der Burgermeister/ sie biß auff den gürtel/ nackent abziehen/ vnd demnach zwo grosser růthen nem-men/ vnnd einem nach dem andern das loch beschlecken/ inn dein hertz geredet/ ich solte nicht auß der Schůl schwetz-en. Der Bauwer was wol zů frieden/ vñ ließ den Trum̃enschlager im thurn/ vnd den Peiffer im loch ligen/ wolte nit mehr bitten: Dann sie hettens beyd wol verdient. Doch was jm nach seiner frag geantwort worden.

Ein alt

Ein alt Weib ließ ein starcken furtz.

IN einer Kunckelstubē nachts saſſe ein alt Weib bey vil jungen Tŏchtern vnd Geſellen/ die trieben nů vil kurtzweiliger reden vnter einander. Die altevettel wolt ſich bucken (es wz jr ein ſpindel empfallen) vnd die ſpindel wider auffheben/ ſo kracht jr dz geſeß/ ſie was auch ſonſt vngeheb / vnd ließ ein groſſen ſtarcken furtz. O lieben tŏchter/ ſagt ſie gleich: laßt euchß nicht wunder nemmen/ es iſt meines Alters ſchuld. Da ſprach der geſellen einer: Es iſt deiner kerben vnd vngeheben lochs ſchuld/ dz dir der teufel ins arßloch far/ aller alten hexē. O da behůt mich Gott ſagt das alt weib / machet wol 8. creutz für dē arß/vnd ſagt: Ey nů far mir vnſer lieber Herrgott drein. Der gſell ſprache: Ey nů far dir tauſent teufel drein/ das dich botz erdtrich ſchend als alten wolffs/ woltſtu vnſerm Herrgot die wůſte ſtatt ordiniern. Vnd nimt die alt hex

ſampt

sampt der kuncklen vnd spindlen / wirffet sie zůr thüren auß / vnd jaget sie bey eytler nacht für tausent teufel hinweg / sie würde jhnen sonst alle jhre gůte vnd frőliche kurtzweil verschissen haben.

Ein Jud vnd ein Christ disputierten mit einander vom glauben

GEN Franckfort wolten auff ein zeit etliche Kauffleut im gesellen Schiff von Basel herab her faren. Zů denen kam ein Jud in das Schiff /

Schiff/ hieß Simon / was sunst zů Altkirch daheym. Also sie allerhandt im Schiff mit einander redten/ auch vielerhandt schwenck trieben / kame der Jud Simon vnnd ein Kauffmann von Basel zůsammen / vnnd disputierten vonn dem glauben. Vnter andern reden sagt der Jud zů dem Kauffmann: Ihr Christen růmet ewren Christum hoch/ wenn jr auch thetten das so er euch geheyssen hett/ so hielte ich etwas darauff. Der Christ fraget den Juden/ was das wer? Der Jud antwort/ vnd sagt: Hat nicht ewer Christus geheyssen / Weñ dich einer an ein backen schlegt / so hebe jhm den andern auch dar? Ja sagt der Kauffmann / er hat es geredt. Der Jud saget: Wenn jhr dann so viel darauff haltet/ so haltet jhr mir. Jch wils thůn / saget der Kauffman: Vnd hůb jm ein backen dar. Der Jud schlůg jn mit flacher hand dran. Er hůb jhm den andern auch dar/ er schlůge jhn auch mit flacher hand an denselbigen backen / vnnd saget: Nůn můß ich glauben / das jr ein rechter gůter Christ seyt. Ja Jud/ sprach der kauff

Q mann/

mann/das du sehest/das ich das geheyß meines Christi erfüllen will/so merck/ Er hat auch gesagt: Mit welcher maß du missest/mit derselbigen maß soll dir gemessen werden/ein güte/volle/grosse vnd gehauffte maß/vnd zucket die fauste/vnnd schlecht den Juden an halß/ das er vber das Schiff auß in den Rein fiele/vnnd weren jhme die Schiffleuth nicht zů hilff kommen/er hette müssen ertrincken. Darnach liesse der Jud sein disputieren bleiben/vnnd vnsern Christum mit seiner lehr zů frieden/dann sie was mehr wider jn/dann mit jm dran.

Ein ander Jud disputiert auch von vnserem Christo.

ALs die Juden vil schelmenhändel zů Rotweil mit den armen leuten haben/kam auch einßmals einer an das Hofgericht. Von gschicht so reit ein Edelmann auch gen Rotweil/ vnnd zeucht eben in die herberg ein/ da der Jud innen lag / der was einer vonn Reuschach/welcher gar ein grosser Judenfeind was. Zům schlaafftrunck kam der Edelmann vnd der Jud an einander des glaubens halben zů disputiern. Der Jud sprach: Es wundert jn / dz die Christen ein newen Gott/ nemlich jren Christum angenom̃en hetten / vnd den gůten from̃en alten Gott/der Himel vñ Erdtrich erschaffen/hindan gsetzt/ wolten jm erst noch zween helffer zů setzen/ den Christum/ vnd den H. Geist/ wie sie jhn nennten. Der Edelmann saget: An welchen Gott/Jud/ glaubest dann du? Der Jud sagt: An den alten Gott. Das geb dir vnnd deinem hauffen / saget der vonn Reuschach/Gott die drůß / Beül vnnd Pestilentz / hetten jhr vns vnsern Gott lebendig vnd vngecreutziget gelassen / er were wol nůn als alt als ewer alter Gott ist. Vnnd zucket die faust/ vnnd schlůg den Juden an halß / das er hinder die thůr burtzlet / erwůschet jhn flucks/würfft jn die stigen ab/vnd sagt: Nůn heyß dir dein alten Gott helffen/ vnd veracht mir mein Christum vñ den heiligen Geist nit mehr / oder der burtz bieren můstu mehr fressen. Der Jud zohe dahin / vnnd hett gelößt / ehe andere kremer außgelegt hetten.

Von einem Priester / der einem anderen Priester sein vollsauffen gebeichtet hat.

ALExius hieß ein Priester / zů Aurach im Wirtenberger Landt / der was zů zeiten im kopff verrucket / oder mönig / wie mans heyßt. Eineß mals als jm die mucken stigen / gienge er zů Aurach in der Kirchen auff vnd ab spacieren. So kompt morgens (auff ein Sontag was es) ein anderer Priester zů jhm gangen / vnd bat jhn / er solt jhn beicht hören. Er sagt: Ja. Der Priester beichtet jm / vnd sagt: wie er die ander nacht sich so voll weins getruncken hett bey den Cartheusern / das er gespeyet / vnd die Kirchen voll geschwirt hette. So facht der Herr Alexius an / schreit schreyt inn der Kirchen vberlaut/vnnd saget: Sauff/ das dirs tausent Teuffel gesegne/ die absoluieren dich auch. Höret lieben freund/ der Pfaff hat sich die andere nacht so voll weins zů den Cartheusern gesoffen/ das er gespeyt/ gekotzet/ vnd die hosen voll geschissen hat/ der Teuffel absoluier jn. Der ander gůt Herr was erschrocken/ vnnd schamrot/ gieng auß der Kirchen. Der Teufel hette jn auch mit dem vnsinnigen Beychtvatter beschissen/ vnnd sonst kein anderer heilig.

Von einem trunckenen Sigristen/ der inn ein keller fiel.

ZV Schelckingen was ein Sigrist/ der was auff einer Kirchweyhe gewesen/ vnnd hette des Weins also viel zů jhm genommen/ das er als truncken worden/ vnnd in boden abgerichtet was/ wo seine gesellen nicht bey jm gewesen/ hette er müssen hinder dem tisch sitzen bleiben. Aber sie namen jhn/ vnnd führeten jhn vnder den armen/ trůgen jhn halber/biß sie jhn schier heyme brachten. Vnnd vnder wegen/ als sie sein nicht sonderliche achtunge hatten/ riß er sich mit gewalt von jhnen/ will selbs gehen/ so wirdt jhm der kopff zů schwer/ vnd tumlet in ein keller/ der stunde vonn geschicht offen/ fellet darein/zwo stiegen hinab/biß aller vnderst in keller. Die Mäñer warn sehr erschrocken/ vermeinten/ er wer zů todt gefallen/ lauffen behendt hinab/ heben jhn auff/ vnnd stellen jhn auff die füß. So facht er an mit heller stimm/vnnd sagt: O lieben gsellen/ wie ist es so ein hübsch ding/vnnd besondern einem Sigristen/ wenn einer das A. b. c. frey hindersich vnnd fürsich außwendig kan/es mage jhm wol zů nutz kommen. Da die gesellen das sahen/ vnd hörten auch/das jm dasselbige mehr dann der schwere fall/ zů hertzen gienge oder anlag/lachten sie sein recht gnůg/ fürten jhn mit besserer sorg vollens heym. Aber ich gedenck/ er werd es morgens jñen worden sein/ wie er geer gesprungen ist/ob das A.b.c. oder der wein/ hindersich oder fürsich gewircket hat.

Von einem Frawenbruder Münch/der den einritt vnsers Herren ghen Jerusalem geprediget.

EIn Frawenbrüder Münch/ gieng einßmals vmb/keß zů samlen. An einem Sontag aber was er in eim grossen dorff/ batt den Pfarrherr daselbst vmb die Cantzel/sie warde jm erlaubt. Nůn er predigt das Euangelium desselbigen Sontages/das was wie CHRistus ghen Jerusalem eingeritten war. Da saget er: Lieben freunde/ es schreibet der Euangelist daruon/ der Herr sey auff einer Eselinnen eingeritten/nicht glaubets/ich glaubs selber nicht. Er ist auff einem hübschen hohen gaul für hundert kronen geschetzt/ mit Sammat gedecket/ vnd sonst mit zwey hundert Pferden zůr Stadt hinein gerasst wie tausent teufel/ vñ den nechstē in den Tempel/jaget dieselbigen keuffer vnd verkeuffer für alle Frantzosen herauß vñ hinweg/vñ nam er was da wz/ vnd theilet es vnder seine Reuter auß. Der Sigrist stunde hinder jhm/vnd saget: Ey Herr es ist ein Esel gewesen. Da der Münch höret/das jhm der Sigrist einredet/warde er zornig/vnnd sprach zů dem Sigristen/mit lauter stimm vor jedermann: Es ist deiner Můtter futt gewesen/gehe hin vnnd lecke den Esel im arß/Köndt ich mein Gott vnd Herren mit anderer zierlicheit Loben vnnd erhöhen/ich wolt mich kein arbeit dauren lassen/Dann ich will sein ehr bewaren/so lang ich vnser lieben frawen brůder bin/vnd der wirdige vnnd Hochgelerte Herr/Doctor Johannes de Galandria heysse. Die Leuth lachten sein/ vnd lieffen auß der Kirchen/liessen jhn stehē zů bappelen/als lang als er wolt. Aber vmb seiner schönen predig willen/ die er gethon hette/samlet er auff diß mal auß der Wittfrauwen alten vnnd hinder reusen nit vil keß.

Von

Von einem hinckenden Schneider wie der inn den Himel kam.

EJN hinckender Schneider starb / vnd kam für den Himmel / were gern hinnein gewesen. Petrus aber wolt jhn nicht hinein lassen / Darumb das er so vnbillich inn seinem leben den Leuthen das thůch gestolen hette. Der Schneider gestunds / aber er bath vmb verzeihung / er wolte es nicht mehr thůn / vnd sagt: Er were műd / er möchte nicht wol fürbaß kommen / begeret eingelassen / vnd hinder den Ofen gesetzt werden / vnnd alle vnfletige arbeit die niemands thůn wolt / als Kinder scheissen tragen / wűschen / weschen / vnd wenn die Kinder die benck voll hosieren / das wölte er auch alles außtragen / fegen / bauchen / vnnd dergleichen hossel arbeit / alles thůn / nůr das er nit fort műsse gehn / er hab blattern an den Füssen gangē. Hindenach hat sich doch meister Peter vber jn erbarmet / vñ eingelassen / Das was vngefehrlich vmb den Mitten Tage. Eben dazůmal da wolte der groß Herr mit allem himmelischen heer / für den Himmel herauß / in einen garten spacieren gehen / vnd sich erlustigen / befilcht dem hinckenden Schneider den Himel / vnd gůte sorg zů haben / dz niemands nichts außhin trůge. Der Schneider sagt / er wolt es fleissig versehen. Sie giengen hin in den garten / der Schneider besahe alle gelegenheit inn dem Himmel / steyge vollendts hinauff zů dem stůel des Obristen Königs / da man alles das sehen kan / das auff Erdtrich geschicht / so sihet er ein alte wůste Vettel herniden auff der erden vber einem bach wäschen / die stillt einer anderen frawen heymlich zween schleyer. Dieweil er aber hieuor dermassen des Diebstals halben / mit S. Peter wol in hundert lästen gewesen was / also das er schier hette műssen vor der thüren daussen bleiben / was er dem Diebstall so feind / vnd ward so zornig vber die alte vettel / erwůschet den Schemel der vor dem Stůel stund / vnd

vnd wirffet jhn der Alten Diebin vber dem bach inn die rippen das sie vmbfiele. Sie erschracke / wußte nicht welcher Teuffel sie geworffen / lieffe heym / vnnd ließ die schleyer liegen / darmit wurden der andern Frawen jre schleyer wider. Der Oberst König kam mit dem Himmelischen Heer wider / vnnd sicht das jhme der Schemel vor seinem stuel mangelet / fragete wer jhn dannen gethon? Letztlich fandt er den hinckenden Schneider / fragte wo der Schemel hin kommen seye / ob er jhn hinweg gethon habe? Der Schneider sagt jhm alle sach / wie es mit der Alten vettel auff Erdtrich / den zweyen schleyern / vnnd dem wurff mit dem Schemel ergangen was. Wie nůn der Oberst König das gehört / sprach er: O lieber son / wer ich also richlich als du / wie meinstu das es dir langest gangen wer? Ich hett auch vor langē / weder stůel / benck / sessel / bengel / ja kein Ofengabel mer gehabt / ich würd es alles auff dem Erdtreich auff den Leuthen zerworffen haben. Darumb aber / das du ohne befelch rach gethon/vnd dasselbig mit meinem gůt außgerichtet hast / so můstu wider hinauß für die pfort / vnnd sehe weiter wo du hin kompst / hierinnen sol niemands straaffen dann ich. Damit můst der hinckend Schneider vonn stundan hinauß/ waren jm leyder schůch zerbrochen vnnd die fůß voll blattern/kondte nicht sehr wol gehen / name ein stecken in die hand/vnd zoh gen Beyt ein weil/ zů den langtznechten da ist er noch / zechet/ist gůter ding.

Ein Sergenweber/hette einem ein Serg gemacht/die was inn alle wege zů klein.

IN dem Dorff Allenweiler/ da wonet ein Welscher maurer / hieß Lorentz / der verdinget auff ein zeit/eim andern welschen weber/ein serg zů machẽ. Die serg ward gemacht/ der Weber bracht sie jhm. Da sie vber das betthe gemessen warde / da was sie viel

viel zů klein. Der maurer wolt die serg nit/der weber wolt sein gelt haben. Sie kamen mit einander für die Oberkeit. Der maurer klagt/er hett jhm dem weber ein serg verdingt zůmachen/die were zů klein/darumb wolt er jr nicht. Der weber sprach: Lieber Herr/wie er mir sie verdinget hat/also groß habe ich sie gemacht/dann er hat mir das meß vber sein beth gegeben/wie breyt/vnd lang dasselbig ist/also hab ich auch die serg gemacht. Lorentz der Maurer sprach/(als er gar böß deutsch kunt) Jhr můß mich hör lieber Herr/er hat mir die serg gemack/wenn ich am beth lig bey min fraw/vnd hab die serg auff vns/wend ich mich rum̃/so leck min loch bloß/ker sich min fraw rum̃/so leck jhr loch auch bloß. Der Amptmann/der sie verhort/lacht zů dem holdseligen teutschen/vertrůg sie mit einand᷑ also/das der Weber noch ein stuck an die serg machen solte/vñ solt jm Lorentz dasselb besunder bezalen/auff das weder er noch sein fraw weiter zůklagen hetten/das jr loch bloß leck/oder das sie etwan erfrieren möchten/

ten / darmit sie das puttel weh vberke- men/ das ist ein kranckheit/ da man nä- chtlicher weile die häfen zů brauchen můß/ vnd die nasen verheben.

Von einem Bawren der Schultheyß ward.

ZV Häwbach / da die Wolff den Schultheyssen an dem Gerichte frassen/ dann es sind etwann acht heuser

heuser da / vnnd wann der Schaltheiß zů gericht sitzt / ist eben einer da der klaget / vnnd einer der antwort / so ist denn die gantz gemein bey einander. Da was auch einer daheym / der lange Jar der Gemeyn Roßhirt gewesen was / der warde zů einem Schultheyssen daselbs vber dritthalben Bauwren gemacht / der gieng einßmals in der Stadt Minsingen inn das Bad / so findt er von geschicht ein anderen Bauwren auch da / welcher wol zwölff Jar dauor / der roß mit jm gehůt / von jugent auff / derselbige Bauwer der wuste nicht das er Schultheiß was / sonder dautzt jn noch wie ein altē roßhirten vnd geselln. Der Schultheiß sagt: Du solt mich nit mehr dautzen / dann ich binn nimmer der ich vor was / ich bin jetzunder vnser herr der Schultheyß zů Häwbach. Botz tausent mucken / saget der ander Bauwer / das hab ich nit gewust: Herr der Schultheyß GOTT geb euch glück vnd heyl / vnnd ein langwiriges Regiment bey eweren vnterthonen. Danck habe / sagt der Schultheyß / es ist ein vngezogene

gemeyn

gemeyn zů Häwbach/ die andern Schult-
heyssen haben sie lassen machen / wie sie
gewölt haben/ das můß ich nůn jetzund
mit grosser műh vnd arbeyt wenden/ es
bricht mir den schlaff/ ich bin drumb ins
bad her gangen/ das ich des lauffens vnd
der schweren hendel ein weil ab sey. Lie-
ber sage du / welcher vnter vns beyden
wolts gemeynt haben / da wir roß hir-
ten so lang mit einander gewesen sind/
das ich durch die zůschickung Gottes
vber die gantz gemeyn zů Häwbach ein
Schultheyß solt worden sein? Es ist ein
besunder glück vnnd bescherung Got-
tes/ ja freylich von anbeginn der Welt
bey Gott also fürsehen gewesen / dann
ich bin wie du weyst/ ein wűster rotziger
bůb/ vnnd demnach ein vnflätiger gro-
ber bawr gewesen / da wir der Roß ge-
hűtt haben / vnd aber jetzunder/ bin ich
ein gewaltiger Schultheyß worden/ so
wunderbarlich sind die schickungẽ Got-
tes. Wie vil Hert der schultheyß (sprach
der ander Bawer) sind wol Burger zů
Häwbach/ die jr zů regieren haben? Der
Schultheyß sprach: Es sind jr acht/ on
der

der Dorffbeck/ vnd der Roßhirt/ so der gemeyn der pferdt hütt. Der Bauwer sprach: das nimpt vil mühe vnd arbeit/ ehe man ein solche grosse gemeyn in ein ordnung vnd wesen bringt. Ja sprach der Schultheyß/ es bricht mir den kopff hart/ nůn můß es fort/ vnd solte ich alle tag die gemeyne viermal zůsammen berüffen. Vnnd gienge darmit ins bad/ vermeint er hette sieben Fürstenthumb zů regieren/ so er kaum fünff Bauwren hette/ die ohn zweiffel alle witziger waren weder er/ dann sein witz vnnd regierung/ hett er wol zů gedencken/ bey den Pferden gelernet/ deren er gehütt hett/ vnd wol wargenommen wenn sie rath gehalten haben.

Von einem Lantzknecht/ dem seine Fraw Kinder machet/ wenn er schon nicht daheym was.

EIn Burger was zů Bretten/ der nam ein junge hübsche fraw/

die jhm schier alle jar ein kind gebar. Er ließ sich einmal vberreden / vnd zoh mit andern Burgern in Meyland / was wol drey jar auß. Die frauw was in der zeit heußlich / sahe nit destweniger das der haußhalt fort gieng / vnd die kinder gemacht wurden / ein weg wie den anderen / dann wenn jhr etwas braste oder anlage / so klaget sie solches dem Pfarrherr / vnd seinen Caplenen gantz trewlich / was sie dann dieselbigen hiessen / dem volget sie nach. Nůn vber drey jar kame der Mann wider auß dem kriege / findet zwey Kinder mehr da lauffen weder er gelassen hatt / vnd gienge die frauw mit einem / Es name jhn wunder wie das zůgangen was. Das soltu dich nicht wundern lassen / saget die Frauw / ich bin also fruchtbar vonn mir selber / ich bedarff keines Mannes / der mir sie machet / so bald mir zů nacht vonn dem handtwerck geträumet / so fahe ich gleich an mit einem Kindt zů gehen. Jch hab es vnserm Pfarrherr vnnd seinen Caplenen auch angezeyget / die sagen ich sol es recht Gott walten ken lassen/ beschert mir Gott vil kinder so wirt er mir auch dazů bescheren/ das sie erzogen werden. Also bin ich recht gedultig inn der sachen gewesen. Ja sagt der Mann/ hat es die gestalt/ so můß man das best darzů reden. Der gůt geck wo er darnach zů leuten kam/ so růmpt er/ wie jm Gott also ein fruchtbar weib bescheret hette/ die auch Kinder machen köndte/ wenn er schon inn Meyland wer. Drey jar wer er darinnen gewesen/ im krieg/ dieweil hette sie jhm heraussen drey kinder gemacht/ das sey ein besondere gnad von Gott.

Von einem Bawren der vnser lieben Frawen geburt für die Beschneydung verstund.

Vff einem Meyerhof saß ein Bawer der in kein kirch kam. Eineßmals ward er von eim andern Bawren angeredt/ wie er also ein Gott loser Mensch sein könne/ das er doch nit einmal oder zwey im jar in die kirch gienge/das Gottes Wort höret/vnnd nemlich auff denselbigen Tage/so wer ein grosser Feyertag/vnser lieben Frauen Gebůrt/vnd solte er allezeit/wenn er sie anrůffen wolt/sagen: O du Můter Gottes/durch deine gebůrt so sey

mir gnedig bey deinem lieben kind. Der bawr sagts jm zů/er wolt es also thůn/vnd seine Kinder also lehren. Der nachbawr gienge heym/der Meyer vergaß das halb/sagt zů seinem Volck: Sie solten in das nechste Dorff inn die Kirche gehen/vnd Predig hören/es wer vnser lieben Frawen Tag der beschneydung/

vnd

vnd wenn sie beten wolten / solten sie sagen: O du Mutter Gottes / durch deine beschneydung so seye mir gnedig bey deinem lieben Großvatter. Solches warde der Pfarrherr im Dorff darbey gewar / vnd fraget den Bauwren / warumb er saget / das vnser Fraw were beschnitten worden / Christus sey beschnitten / vnd seine Mutter gar nicht / er jrre sich gar weit im Christlichen glauben? Der Meyer sagte: Es ist also lang / das es geschehen / das es schier nicht mehr zu glauben. Ich hab jhr keines gesehen / darumb kan ichs auch nicht wol glauben / wenn ein ding vor vier wochen geschehen ist / so wil mans jetzt nicht mehr glauben / vnser liebe Fraw sey beschnitten oder geboren / so ist es alles geschehen ehe ich auff Erdtrich gewesen bin / es mag sein / es mag nicht sein / ich glaube es nicht / ich hette es dann selber gesehen. Vnnd in Summa / was ich nicht sihe / das glaub ich auch nicht / das werdent Herr Pfarrherr jr mich nit vberreden / gieng vom Pfarrherr hinweg / vnd ließ jn stehn.

Von einem Sigristen / der sich beklagt von den Pfaffen.

ES beklagt sich einmal ein armer Sigrist / das er den Pfaffen dienen müßt / vnd sie alle zeit das gelt / frucht / wein / vnd andere zinß vnd gült einnemen / jhm aber kaum das rauch Brot vberliessen / darmit er sich / sein weib vnnd kindt ernehren möchte. Denselbigen Sigristen fragt einer: woher er solchs wüste? Sprach er: Jn mancherley wege haben sie vns in die höchste dienstbarkeit gefüret. Dann erstlich haben sie ein weg erdacht / darmit wir gezwungen sind / jhnen vnsere heymligkeiten durch die Beicht zů sagen. Zům andern / so müssen wir inn die Kirch gehen / vnnd vnsern sawren schweiß vnnd arbeit durch das Opffer vnnd seel gerecht jhnen geben / So sie doch selbs inn kein Kirch kommen / sie haben dann ein besonderen lohn daruon / vnnd wenn sie inn die Kirch gehen / oder vmb die kirchen / so haben sie die Glocken erdacht/das sie darmit jnen selbs ein lust machen/ auff das sie das gesang dester leydlicher ankumpt. Züm dritten haben sie die Orglen jhnen selbs auch züm burgers lust stifften lassen / das sie nür dest weniger dörffen singen. Ein ding manglet jnen noch/ darauff sie tag vnd nacht trachten/wie sie zü wegen bringē möchten/das wir für sie auch züm teufel in die Hell füren/ alß dann so wer dis kart gantz vnd die glock gegossen. Solches alles weiß ich wol/ich habs offtermal von jhnen selbs gehört sagen / vnd in sonderheit von dem Pfarrherrn von Cappel/ Herr Lupi geheyssen / welcher einen Vers auß dem Alexandro angezeigt/vnd darnach außgelegt hat / vnd ist das der Vers:

Dant duo bos, impos, compos, custosq; sacerdos.

Impos/ Die Bauwren. Dant/Sie geben. Duo bos / Zween Ochsen. Sacerdos / Dem Priester. Compos / Der Gumpost. Custos / Dem Sigristen. Darumb so müssen wir alle zeit Arme

Sigristen/ vnnd sie reiche Pfaffen sein/ liesse darmit von seiner klage/ vnd gienge heym.

Wie ståt vnd starck das Ehelich band ist der Priesterschafft.

EInßmals warde ein armer dorffpfaff/ der was zů Beblingen bey dem Newenmarckt daheym/ vonn dem Official gefragt/ Ob er auch ein junge Magdt hette? Er sagt: Neyn Herr/ ich darff mich nicht dreyn wagen/ Ich förchte vberkeme ich eine/ so můste ich mein lebenlang mit jhr/ vnd sie mit mir behencket sein/ dann ich hab vonn anderen gůten alten Herren gehöret/ das die Priesterliche Ehe also ein starck band sey/ das es nicht mag getrennet oder gebrochen werden/ solches hat mich verzagt gemacht/ darumb ich zů kost gehn/ vnnd nicht selbs haußhalten will. Der Official sprach: Jn einem alten Bůch hab ich gelesen/ wenn auff einer

einer dorffkürchweyh Ein vnd viertzig einäugechter Sigristen / vngefehrlich züsamen kommen / die mögen mit hilff acht Bader/die nie geschwitzet / Sechs Rösdäuscher die nie gelogen haben / vnnd vier Hirten/da jeder drey Jar des Viechs auff dem feld gehütet/vnnd nie beregnet worden / sich darein schlagen/ vnd Priesterlichen Ehescheidung für-nemmen vnd machen/ vnd was sie dar-inn handlen vnnd beschliessen / darbey soll mans on alles hindersich sehen blei-ben lassen. Vnnd welche Fraw das bri-chet/ die soll zů straaff mit blossem loch in einen zuber mit schneewasser gesetzet werden/biß jhr das hertz erfrewert. Der Herr aber/der daran brüchig wirdt/der můß Herren speckli (also heyßt der Fis-cal) das gewölb küssen / so lang biß der öberst bogen einfallt. Der Dorffpfaff sagete: Die straaffen sind mir alle zů schwer / darumb so will ich recht also bleiben/biß mein fraw von Heydelberg auß dem kalten Thal kompt.

Sind also von einan-der gescheiden.

Die Garten

Welches die frommen Müller sind.

ZV Biel was ein Müller auff der stadtmüllen / zwischen Nidaw vnd Biel / lange Jar gesessen / der hett also grausam sehr vnnd tieff in die seck griffen / das man jn von der Mülen jaget / vnnd wer er nicht also ein gar alter Mann gewesen / man würde jn haben durch ein hänffin fenster gelehrt sehen. Die Herren der Stadt trachteten vmb ein andern Müller / da man an seiner frombkeit kein zweiffel haben dörfte. Sie schrieben auß an die nachbawren vmb ein frommen Müller. Auff ein zeit fraget ein Burgermeister von Biel / den Schultheyssen vonn Solothurn vmb ein frommen Müller. Der Schultheyß bedacht sich ein weil / vnd sagt: ja / so ichs gedenck / vnsers stadtmüllers fraw zů Solothurn / die hat vorgestern dẽ müller ein jungen son geborn / ein jungen müller / welcher gewißlich vnd vngezweiflet gantz from̃ ist / wie gold / weñ euch

euch der werden möcht / so dörfften jhr gantz vnd gar/der armen leuth halben/ kein sorg haben / sonst ist es mit den alten Müllern mißlich. Dann was man jung lernet vnd gewonet / das treibet man gern im alter. Wir müssen vnns eben als wol leiden als jhr.

Christus lag in der Krippen/ vnnd aß ein habernbrey.

AVff ein Weyhenacht tag prediget ein vngelehrter Dorffpfaff/ in eim dorff/ nicht weit von Graben/ da der Esel auff der borkirchē steht (der namen des dorffs ist mir empfalln) von der menschwerdung vnd geburt Christi vnsers Herrn / vnnd demnach er nun angezeiget / wie es dieselb nacht so kalt gewesen/ Joseph vnd Maria das kindlein in ein Kripp geleget haben/ mit alten hosen gedecket. Saget er weiter: O jhr lieben freundt nemmet da ein gleichnuß / gegen dem wie jhr ewere junge Kin-

Kinder ziehen / die Mütteren müssen am warmmen hinder einem vmbhang sechs wochen kindbetth in liegen / güte hüner essen / die kinder thüt jhr gleich in ein wiegen / legts in güte weiche windlen / küßlen vnd decklachen / eingewicklet / vnd gebt jnen güt beppe / mit der besten milch gekocht / zü essen. Maria die Mütter Gottes die hats nicht also gehabt / sie ist am kalten gelegen in einem stall / hat grob rindtfleisch in rüben gekocht gessen / vnd hat Joseph das kindlein in kein wiegen / sonder in ein krippe geleget / mit häw vnnd stro zügedecket / das jm der frost nicht geschadt / inn alte hosen gewicklet / vnnd gebunden / vnnd darnach jm einen güten dicken schwäbischen haberbrey gekocht / darmit hat er das kindt aufferzogen biß inn sein alter / daruon es auch gewachsen / vnd ein starcker Mañ worden. Es ist auch sein lebtäg nie kranck gewesen / biß jhn die Juden gecreutzigt haben / da hat er wol sterben müssen. Sonst das jr ewer kinder also zart ziehen / so werden nichts dann eytel göwitzen darauß / sind für

vnd

vnd für stävigs fürtzfellig / kranck / vnd sterben ehe zeit. Darumb lassets euch ein warnung sein / so vberkompt vnnd behaltet jhr auch starcke junge kinder / wenn jr jnen solche güte starcke haberbrey zü essen gebt.

Von einem Rathsherrn zü Tübingen.

DIE Rathsherrn zü Tübingen / hettē auff ein zeit ein schweren grossen handel / mit dem Hertzogen von Wirtenberg / außzürichten.

Vnnd

Vnd als sie auff ein tag in dem rath sas-
sen / den handel zů erwegen / auch dem-
nach die vrtheil / wie sich jnen darinnen
zů halten wer / geben wolten / vñ gleich
die sach in der vrtheil stunde / vnd vmb-
gefragt warde. Stunde einer vnter jh-
nen auff / der sprach: Lieben Herrn / mein
spruch den will ich eben geben haben /
wie jhn mein Herr der Forstmeister her-
nach sagen vnnd geben wirdt / dann ich
wil hinauß / vnd můß brunzen / vnd ehe
ich wider herein komme / so seyt jr schon
fertig. Solcher vngereumpten reden /
vnd groben anzeigen waren die Herren
des raths vbel zů frieden / liessen jn auß-
hin gehn. Als er aber wider hinein kam /
ward er des raths sein lebtag entsetzt /
vnd ein Sprichwort darauß gemacht:
Lieben Herrn / was der Forstmeister er-
kennen wirdt / das wil ich auch jetzt er-
keñt haben / dañ ich můß hinauß brun-
zen gehen. Das was ein witziger rathß
herr / wust noch nit / was der Forstmei-
ster erkennen wöllen / vnnd hat
er schon sein vrtheil dar-
auff gestelt.

Von

Von einem Schlosser/der inn den Sattel gefroren was.

EJN Schlosser saß zů Canstadt/der sagt/da er noch ein junger wandergsell gewesen/da hab jhm ein Edelmann vonn Stutgart ein gaul gebē/den er gen hohē Aurach hat reitten sollen. Es was vmb S. Niclaus tag/vnd wz stein vñ bein als hart gefrorē/es mocht sich auch schier niemands im feld des frosts erwehren. Als aber der Schlosser gen hohē Aurach kōmen/vñ herniden bey dē stelln abstehn wolt/da wz er hart in den sattel gefroren/der massen/das er vnd der sattel nit kondtē von einander kommen/noch er auß dem stegreyffen treten. Da war ein rath funden/das die knecht jn mit dem sattel ab dem pferd heben/also in die stuben hinder den Ofen tragen/allgemach nider setzen solten/vnd auffgefrierē lassen/dz er darnach wider zů fůß kōndte heym kommen. Also ist er mer als fünff stund

hinder

hinder dem Ofen im sattel gesessen/ sampt den stegreyffen/ehe er auffgefroren ist/ darnach ist er allgemach wider ghen Stutgarten gangen/ vnnd angezeigt/wie es jm mit dem gefrornen sattel ergangen sey.

Einer ist wol fünff Tag inn der Thonaw am boden vnder dem Eiß geritten/ biß er wider herauß ist kommen.

DA der groß Türckenzüg gewesen ist / vnnd man den gantzen kalten Winter inn Vngern blieben / dazůmal hat ein Behemischer Herr dreyhundert Pferd geführet / die sind bey Krems an die Thonaw kommen/weren gern hinüber gewesen. Sie was hart gefroren/aber die Reuter waren schwer angethon/ dorfften dem eyß vnnd der Bruck nicht wol vertrawen. Sie schussen einen auß/der das Eyß bereyten solt/ ob es hielte oder nicht / der

was auß

was auß dem Land zů Osterreich / wu⸗ ste weg vnnd steg / der hieß sie warten / am gestadt / biß er jhnen zůrůffen würde / so solten sie jhme als dann nachuolgen. Mit dem reyt er auff das Eyß / biß auff die mitte der Thonaw / da mochte es jn nicht ertragen / dann der fluß was zů streng / vnd bricht das eyß / fellt gaul vnd Mann alles vnder das eyß biß auff den boden. Es was finster / er kondt nit vnder dem eyß sehen / wo er im wasser vmher ritte / trabet also gemach hin vñ wider / biß an den fünfften tag / derselb was hell vnd kalt / da sahe er einen klei⸗ nen glast / durch das hell eyß scheinen. Er reyt hinzů / gedacht das eyß wirdt nicht so dick sein an diesem orth als an⸗ derßwo / name seinen reytspieß / vnnd stieß darmit ein loch durch das eyß / vnd da das loch groß gnůg ward / da sahe er das er gar nahe am staden was. Er ga⸗ be dem gaul die sporn / vnnd sprang inn einem starcken sprung auff das Land / da sahe er vmb sich wo er was / befande er / das er biß ghen Kloster Newenburg kommen war. Er ritth inß Kloster / gab dem pferd ein fůter / es hat in fünff tagen nichts gessen / aber zůtrincken hat es genůg gehabt / auch thet er sich außtrücknet die kleyder vnd den harnisch / auff den abend komen seine Reuter zů jhm / die waren zů Stein vber gezogen / Als jn die sahen / verwunderten sie sich / fragten jhn / wie es jhm vnter dem wasser gangen were? Da sagt er jhnen / wie er so lang vnter dem wasser jrr geritten / sagt jhnen auch / wie es so finster vnter dem Eiß gewesen / ja also finster / es griffe einer dem andern iß loch / dz ers nicht sehe. Demnach ritten sie miteinander fort an die Türcken / vnnd wise sie der reuter den weg / dann er kondt vnter dem eiß auff dem landt reiten / ich glaub er hab auch fliegen ohn ein F. können.

Von einem dem zu Masier vnter dem thor mit dem schutzgatter / der gaul am sattel hinden abgeschossen ward.

Ein

EIn Bůchtrucker vnd Burger zů Staßburg/ was reysig/ zohe in krieg/ (ich gedenck es sey Masier gewesen/) wie die belägerung lang weret/ vnd sich in der besatzung so dapffer geweret haben/ wolte dieser reuter/ der hieß Martin Flach/ ein Ritterstuck vor andern begehn/ (dañ er gab sich für ein Edelmann auß/) thet sich an/ vnd rañt der Stadt zů/ vermeynt einen feind in der Stadt zů fahen/ vnd mit jhm inß läger zů bringen. Als man aber des vergangnē tags daruor zů beyden theilen/ einen ernstlichen vnd grossen scharmützel gehalten/ vnd viel auff der walstatt verwundt vnd todt ligen blieben/ vnter welchen verwundten einer Martin Flachen spieß gesell gewesen. Derselbig ersicht jn Martin auff seinem gaul daher reiten/ schreit jhm zů vnd sagt: O lieber Junckherr Martin Flach/ helffet mir vmb GOTtes willen der marter ab/ dann ich kan weder sterben noch genesen. Junckherr Martin Flach warde in barmhertzigkeit bewegt/ stiege von seim gaul ab/ name sein schwerdt zů handen/

 schlůg

schlůg dem verwundten das haupt ab. Nůn was geschahe weiters. Der todt/ dem dz haupt abgeschlagen was/ sagt: O nůn danck euch Gott lieber Juncker Martin Flach/ das jr mir der marter ab geholffen habt/ solches will ich in ewigkeit nimmer in vergeß stellen. Nach solchem aber wolt er ð Martin Flach von seinem fůrnemen noch nit abstehn/ satzt sich wider auff seinen gaul/ vnnd rannt der statt zů. Wie er vnter die portē kommet/ so last ð auff dem Thurn den schutzgatter fallen/ der trifft den gaul gerad hinden am sattel vnnd schlecht den halben theil des gauls ab/ das es da ligen blieb. Er rannt mit dem vordern theil biß auff den marckt/ wirfft den gaul herumb/ vnd sagt: Dummel dich mutz/ so sicht er erst das er nůr ein halben gaul hett/ dann das hŏuw hieng jm noch her auß/ dz der mutz morgē gefressen hatt. Der gůt Reuter erschrack/ der gaul fiel vmb vnd starb. Er ward gefangen/ hat sich mit sechs Monat solden/ wie er gesaget/ lŏsen můssen/ ist also zů fůß wider zů den seinen gelassen worden. Das ist

ein

ein gefehrliche wagung gewesen / hett der schutzgatter den gaul fornē troffen / vnd jhm den halß abgeschlagen / so hett er nit mehr sehen können wo er hin solte lauffen / er würd sich hefftig vñ vnbillich gestossen haben / ehe er wider in das läger kommen wer zů den seinen. Als nůn sich begab / dz Martin Flach auß diesem zug heim kommen / hat es sich auff ein Faßnacht begeben / das sein stieffvatter seine Drucker gesellen / sampt andern Herrn vñ gůten freunden / zů gast geladē. Da fieng er Martin Flach an (seiner alten gewonheit nach) seine Mañliche thaten / wie vorgemelt zů rühmen / vnd sprach / wie er in eim zug ein Fenderich were gewesen. Darauff sprach sein stieff vatter / mit vrlaub zůreden: Es ist erlogen / (dann er one das an jhm gewont / dz er on ein F. gar höflich vñ meisterlich fliegen kondt.) Darbey saß aber ein gar grosser speyuogel / Wendling von Marle genant / ein setzer / der sprach: Ja Herr ich glaubs / vnd ist auch war / Es geschahe an einem Sontag / auff einem Dorff / als der Pfarrer mit dem Weyhwasser

wasser vm̃ die Kirch gehn wolt/da was kein baur vorhanden/ der das Fänlin tragen wolt / da erwüscht er Martin dasselbig / vnnd trůgs vmb die Kirch/ dieselbig zeit vnnd weil ist er ein Fenderich gewesen. Solches speywercks můsten sie alle lachen/ vnnd ward selchs alles in ein schimpff vnd gespey gezogen/ vnd das gloch / mit lachen vnd freuden volendt.

Ein Pfaff hadert gern/vnnd gewan allzeit daran.

ZV Meran/ was ein balgerischer Pfaff/ der für vnd für hendel haben můst. Er was auch nimmer so arm/ er hett etwan drey oder vier wunden/ vnd was dem Scherer viel nützer/ dann ein melckende Kůh. Eins mals ward er gefragt / ob jhm die pfrůnd zů Meran/ oder die außwendigen gedingten Vilialia/dz sind die dorff Caplaneyen/an dem nützlichsten Jars weren/ oder waran er seinen besten gewin järlichs habē möchte?

möchte? Sagt er: Die pfrůnd die ich hie hab/ die ist gůt/ Die Caplaneyen die sind aber besser/ dann jr sind viel/ die machen ein feine sum̃a. Aber meinen besten vnd grösten gewin den ichs Jars hab/ den vberkomme ich/ vnd wirdt mir von den Ertzknappen/ dann so offt vnd dick ich mit jhnen balg/ so wirdt mir allwegen für ein wund oder kapp/ die ich jhnen gib/ drey oder vier/ da gewinn ich am besten an. Den anderen gewin von den pfrůnden/ den hab ich/ derselbig wirdt dann aller dem Scherer vñ dem Würt/ damit hat der Scherer vnnd Würt den besten gewin an meinen pfrůnden/ vnd ich den besten gewin an den Ertzknappen/ wenn ich mich mit jhnen kawt/ darzů ich dann allzeit mein besunderen lust hab.

Ein Würtin gab einem gast Bruntz für Maluasier zů tricken.

EIN läuffers Bott kam von Vlm ghen Geyßlingen/ inn einer witwen hauß/ die ein Herrn Würtin was/ er hielte sich gar verwehnt/ was man jhm für wein bracht/ der was jhm aller nicht gůt/ fordert allezeit ein bessern. Zůletzt kam er an Maluasier/ vnnd wolt denselben haben/ Gott geb was es kostet. So die Würtin sihet/ das jm kein sattel gerecht was/ vnd jm kein Wein gefallen wolt/ sondern schrey für vnd für/ man solte jm Maluasier bringen/ nam sie ein groß glaß/ bruntzet es voll/ ließ kalt werden/ vnd brachts jhm. Er sahe das Tranck im glaß/ saget: die farb ist gůt vnd hübsch/ setzt jhn an das maul/ vñ thůt ein gůtē starcken trunck/ ehe vnd er empfand wz es für ein tranck war. So baldt er das Glaß von dem maul thet/ sprach er: Fraw Würtin der Wein schmeckt nach dem Faß/ die lågel ist nit wol vnd sauber gewåschen. Ja saget die Würtin/ es möchte sein/ aber auff diß mal habt jr meine besten Wein alle versuchet/ die Lågel wil ich auch schier etwann ins bad schicken/ vnnd

wol

wol wäschen lassen/ es schimlet ein wenig/ darzů ist lang nicht drauß getruncken worden. Der Bott sprach: Ich hab es wol geschmeckt/ glaub gentzlich es sey hieuor Wermůt wein darinn gewesen/er reucht als were er verdumpffen gelegen/ dañ er sticht auff ein herbe bittere art/doch so machet mir die zech/ ich wil weitter reysen. Sie machet jhm die zech vmb zehen Creutzer / ließ jn ziehen/da hett er viererley wein/ vñ ein gůten trunck Witwen bruntz getruncken/ dann da jhm kein Wein gůt gnůg was/ da hat er mit Seych/ für Maluasier zůtrincken/beschliessen můssen. Der Bott zohe hin / die Würtin hat das gelt/waren beyde wol zů frieden / vnnd hette er schimligen vnd verdumpfften Maluasier getruncken/der seinen geschmack mit gebracht/ nach dem er auch ein Keller gehabt hat.

Die Garten Hensel von Singen des Marggraffen Narr wolt mit andern zweyen Narren nicht essen.

ZWeen Herren kamen eins mals gē Mülberg zů Marggraff Philipsen vō Baden / vñ brachte jeglicher seinen Narren mit jhm / jhnen ward zůsampt Henseln von Singen / des Marggraffen narren / allen dreyen / da man essen

sen wolt / nůr ein Tisch gedeckt / das sie mit einander essen solten. Da das Hensel von Singen des Margraffen Narr sahe / lieff er hinweg / můßten die zween frembden Narren allein essen / dann es kont niemand Hensel von Singen finden. Der Marggraff hett ein hund / der sucht jn / fand jn / vnd bracht jn mit jm. Der Narr ward gefragt / wo er gewesen were? Er sagt: Im dorff. Ward weitter gefragt / Warumb er nit mit den zweyen gessen hett? Botz martel / sprach er / meynt jhr das ich mit den Narren essen wolt / weñ jr mir schon hetten eitel weiß brot / hönig / milch / vnd gebraten Räbhüner geben / dañoch wolt ich mit jnen nit gessen haben. Meynt jr / das ich mit Narren essen wolt / vnd bin ein König / hetten jr nůr acht darauff genommen / vnnd gesehen / so hetten jhrs wol gesehen / was für vnflätige / wůste / rotzige nasen sie gehabt haben / die kengel sind jn schier herausser gehangē / ich vermag mich der narren nit / ich wil auch nit essen / allweil sie hie sind. Also můst mā den narren morgens bereden / sie weren hinweg /

weg/er hett sich sonst wider verkroche̅. Es ist ein Sprichwort: Es thůt nicht gůt/ zween Narren in eim hauß/da waren jrer drey/Wie kondten sich dann die vergleiche̅ mögen mit einander/ja freylich seltzam.

Von obberůrtem Narren/ wie er durch ein bach gieng.

GEmelter Hensel vo̅ Singen/ da er noch jung was/ da gieng er ein mal durch ein bach mit seim hund/ der auff jn wartet/vnd da er hindurch kommen/ sagt er zů seinem hund/ O hörstu wie habe ich so Närrisch gethan/das ich durch das wasser gangen bin/were ich also dariñ ertruncken/vnd hetts mein Vatter erfaren(den Marggraffen nennet er sein Vatter) so würd er mirs nicht nachgelassen haben/ich hett mich müssen aber mit růthen streichen lassen/ Jch bitt dich drumb/sag es niemands/hinnacht so wil ich dir mein theil

theil gebratens halber geben. Der hund hat das gebratens wol verdient / dañ er hat niemand nichts daruō geſagt / es iſt jm auch wordē / das er geſchwigen hat.

Ein dieb den wolt man hencken / der bat den Pfarrherrn / er ſolt das Nachtmal für jhn eſſen.

ZV Bamberg ward ein dieb gefangen / der was von Oringen / am Odenwald / der ward peinlich gefragt /

fragt/ er bekant also vil/das er zům tod vnd Galgen/verurtheilt warde. Man fürt jhn auß/ vnd wolt jhn hencken/der Pfarrherr gienge mit jhm/ vnnd tröstet jhn /sprach /das er die straaff wol ververdient hette/ vnd der schandlich tod/ der were jm ein abnemmung seiner sünden / vnnd ein grosse fürdernuß zů dem ewigen leben/ dañ er bey Gott dem Allmechtigen zů nacht essen würd/des solt er sich versehen. So baldt der Dieb das horte / wandt er sich herum̃ zům Pfarrherrn/vnd saget: Jst es war lieber Herr? Ja sprach der Pfarrherr/ich wil dir dessen mein seel zů pfand geben. So bit ich euch sagt der dieb/ jr wöllt so wol thůn/ das Nachtmal für mich essen vnd gast sein/ich wil euch warlich zween groschen zů steur geben/ Jch hett sonst wol nötiger geschefft außzůrichten/dz ich eben des Gelts oder Gasterey wol entperen möchte. Das was dem Pfarrhern nicht gelegẽ/ließ den hencker mit jm fürfarẽ/ damit war er verdienter straff nach gegenckt / Gott geb wer gast zům nachtmal gewesen oder nicht.

Von

Von einem Studenten zu Franckfurt an der Oder/ wie er so höflich bey seiner schwester Hochzeit was.

EIn student studiert zů Franckfurt an der Oder/ der was ein geborner Düring/ von ehrlichē leuthen erboren/ demselben ward von seinen eltern geschrieben/ er solt heym kommen/ sein schwester wer vermählet/ vnd würde auff ein bestimpten tag die hochzeit jhren fürgang haben/ das er darbey were. Der Jung Gesell rüstet sich/ wie sich gebürt/ das er auff seiner schwester Hochzeit/ nicht der wenigest wolte gesehen sein. Der tag der Hochzeit was kommen/ der Brůder was noch nicht da. Als der Kirchgang beschehen/ vnd man eben vbern tisch saß/ das essen auff dem Tisch stund/ so kompt der student/ der Braut Brůder/ geritten. So bald das gesaget ward/ man empfienge den gaul von jm/ nam jn in stiffel vñ sporen/ wolt jm nit so vil zeit lassen/ das er sich het-

hett mögen außziehen / sonder er müßt eilendts zům essen gehen.

Er gieng recht hin / er schampt sich / wie dann ein junger gesell thůt / nam wasser vber die hend / mā setzt jn neben sein schwester die Braut (da dañ auch sonst viel ehrlicher leut / vom Adel vnd sonst Mann / Frawen / vnd Jungfrawen sassen.) Der gůt gesell ward seines außbleibens / vnnd langsamen erscheinens befragt / er zeigt aller handt vrsachen an / darzů das der weg etwas fern / von Franckfurt an der Ader / biß dahin wer / auch der zeit böß reiten gewesen. Also legt man jhm ein Henn für / die er zerlegen solt / vnnd anderen auch (dieweil er der Braut brůder sey) fürlegen. Er nam die Henn / vnd zerlegt die fein höflich / wil seiner schwester der Braut daruon fürlegen / so empfelt es jhm vnter den tisch.

Nit dester weniger behelt er das ander als noch auff dem teller / nimmet das messer / buckt sich / wil es wider auff hebē. Wie er den kopff vnter dem tisch hat / so gehet jhm das vnter theil auff / vnd

vnd ließ ein grossen scheiß. Er erschri-
cket/ richt sich eilendts auff/ so ritschet
er mit dem wammes ermel das ander-
theil von der Hennen auch vnter den
tisch. Bald was ein hund da/der erwü-
schet es vnd mit daruon / die hund biß-
sen einander vmb die Henn / vnter dem
tisch. Der gůt gesell wolt dannocht se-
hen / ob er etwas noch daruon auffhe-
ben möchte/stoßt den tisch von jhm / so
schütt er zwey gläser voll rotes weins/
in die supp vnnd auff den tisch / das die
gleser zerbrachen. Wer was in grössern
lästen dann eben der gůt from̃ jung stu-
dent / er was gar erschrocken / es wolt
kein glück auff seiner seitē den tag sein/
stehe gleich behend vō tisch auff/ dorff-
te niemandts mehr recht ansehen / vnd
wolt hinweg gehen. Wie er vber die
banck schreiten wil/ so behengt er mit
den sporen in dem tischlachen. Jn dem
selbigen eilenden vbersteigen vber die
banck / so reisset er das tischtůch / blat-
ten/gleser/becher/teller/brodt/vnd den
wunden allen mit dem tischlachen von
dem tisch / alles jhm nach/ je mehr er ei-
 let/

let/je mehr jhm das tischtůch in den spo-
ren hangende nachuolgt/vnd jhm wie
ein fenlin an den sporen behienge. Da er
auß dem Saal kam/da macht ers erst
loß/ließ ligen/auff sein gaul/vnd macht
sich daruon als wenn man jhn jagt. Die
gůten freund/die Junckern vnd Herrn/
sampt der braut vnd jhren Jungfraw-
en/wolten sie nit an der erden essen/da-
hin der Brůder mit der Hennen vnnd
sporen angericht hett/můßten sie den
leiden wol wider auff heben lassen/die
tisch auff ein newes deckē/ein newe mal
zeit anrichten/vnd einander frölich ma-
chen. Aber gnůg war des gůten frommen
Studenten gelacht/dann alles das er
den tag anfieng oder für sich nam/das
wolt jhm nit schneiden/oder ein für
gang haben/wiewol ers gern gůt
gesehen hett. Also war die hoch-
zeit zů letst mit freuden geen-
det/vngeacht das der stu-
dent vnter vnd neben
dem tisch angerich-
tet hett.

Ein

Ein Jungfraw sagt ein mal warumb jhr der hinder so groß were.

EIn Stadtschreiber / welchen ich beschreiber diß bůchs / wol gekennet hab. Der saß auff ein zeit bey einem gůten freund vor seiner thůren zůschwetzen / so gehet in sölchem ein Jungfraw vor dem hauß anhin / zů deren derselb Stadtschreiber / nach anderen grůßbaren reden saget: Jungfraw / Wie kumpt es das jhr so wol / hinden

herumb gebrüst seyet? Sie verstunds bald/vnd fragt wider/sagt: Wie gemeynet jrs/warumm ich also ein grossen arß hab? Ja sagt der Stadtschreiber/ich meyns also. Darauff gab sie behend antwort/(dann sie ohn das bald gerüst war antwort zůgeben/) vnd sagt: O hetten jhr so viel darein geblasen/als ich herausser geblasen hab/lieber Herr Stadtschreiber/so wer er noch so dick worden als er jetzunder ist. Ey nůn blaß dir gözen Jäckel drein/sagt der Stadtschreiber/vnnd nam vergůt/seiner frag nach war jhm geantwort worden/vnd was auch jhm nicht vnrecht geschehen.
Wie man in den wald růfft/also
gibt er wider antwort/(ist
ein gemeyn sprich
wort.)

Von den jungen Rathsherren zů Rom/die jhre Vätter all todt schlůgen/das sie allein regieren wolten/ die letst Histori.

Nach

Nach dem die altẽ Römer/ mit weißheit vnd zwang/ also lange zeit vnd jar/ den gemeynen nutz/ jhr Reich/ Commun vnd Keyserthumb erhalten/ gemehrt vñ geweitert haben/ kamen auff ein zeit die jungen Rathsherren vberein/ das sie die strengen ordnung vnd statuten jhrer Vätter nit lenger dulden wolten / sonder erkandten gemeiniglich / das jeglicher solt seinen eignen Vatter todt schlagen / das solt auff einen bestimpten tag/ zeit vñ stund beschehen. Nů was einer vnter den jungen Römern / der kam zů seinem Vatter/ den er nůn fast lieb hett/ hielt jm solches sein sterben für. Der Vatter erkeñt den heimlichen rath der jungẽ Römer/ auch das streng vrtheil wol / sprach zů seinem Son: O lieber Son/ nůn mercke mich/ dz geschicht darauß/ das jhr selbs wolt regieren/ so sag ich / es wirdt euch darzů kommen/ das jr durch solche verderbung ewrer vätter/ werdt Rom mit allem jhrem gewalt/ Land/ Leut/ vnnd ewer eigen groß erholte ehr / verlieren. Der Son sagt: Das ist nit müglich vatter/

ter/dz solchs geschicht. Wolan/ der vatter wolt des Sons zorn nit lenger zůgeben/ vnnd sagt: Also lieber Son/ sollen dann alle alte Römer todt geschlagen werden/ so ist doch allein mein bitt/ lieber Son an dich/ laß mich leben/ vnd beschleuß mich ein/ verwar mich wol/ also das ich nit entrinnen möge/ biß das du mich selbs mit grosser bitt wirst heissen herfür gehen. Der Son was on das vnmůtig/ dann der vatter was jhm von hertzen lieb/ ward durch diese getrewe red seines vatters bewegt/ ließ jn leben/ erneret jn sonst in der stille/ heimlich vnd wol. Demnach vber etlich Jar/ da kam ein grosser König auß frembden landen gezogē/ (Quia surrexit Rex post Regem.) der hett vernom̄en/ das die jungen Römer jre vätter hettē todt geschlagen/ vnd also das Regiment allein innen hetten/ so were also auch die weißheit darmit verloren oder außgetilget worden. Darum̄ er jhnen schreiben thet/ zwey ding solten sie jm außlegen/ vñ darinn rath geben/ oder er wolte sie gewaltiglich vberziehen/ vnd jhm vnterthenig machen. Die

erste

erste frag was dieses: Es wer jhm in seinem Land/ in all sein Saltz würm kommen/ darzů begerte er raths/ wie er die vertreiben möchte. Die jungen Römer giengen zů rath/ die alten waren all biß ohn einen erschlagen. Sie riethen wol acht tag/ kondten oder mochten dem König kein antwort zů geben. Mitler zeit gehet der vorgemelt Son/ so er heim kompt/ zů seinem Vatter/ hielt jhm solches für/ sagt jhm auch/ das sie alle darauff nit wüßten zů antworten. Also lieber Son/ sagt der Vatter/ ist die Weißheit mit ewern Vättern vntergangen/ vnd verloschen/ Aber dein heyl das stehet bey mir/ So du morgen in den Rath gehest/ vnd die frag wider fürgehalten wirdt/ so sag: Lieben Herren auß dem Senat/ wisset das kein Wurm in das Saltz kompt/ dann das Saltz frisset die Würm. So ist mein rath/ das man dem König schreib/ vnd rath gebe/ die würme im Saltz zů vertreiben/ Nemlich/ das er Maulesels milch nemme/ vnnd es auff das Saltz sprenge/ so werden die Würm alle daruon sterben. (Nůn hat aber kein Maulesel kein milch/Quia mulus sterilis est, & nõ habens lac. Solcher weiser rath ward von den jungen Rathsherrn gemerckt vñ angenommen/auch für groß gehalten/das er sie also erlößt hett. Dem König ward diese antwort zůgesendet/der nam der grossen weißheit wunder/begert sie aber in eim andern weg zůuersuchen/Ließ jhnen vier bůchstaben verzeichnen/schickt jhnen die zů/begert darbey/sie solten jhm dieselbigen außlegen/oder wölt sie jm zinßbar machen. Vnnd waren diß die vier bůchstaben/Q. M. R. N. Die heissen auff Teutsch: Wer ist mechtiger vnserm König? vnd zů Latein: Quis Maior Rege Nostro?

Da nůn die Römer die brieff wider von dem König empfiengen sampt den vier bůchstaben/Q. M. R. N. vnnd kein außlegung darbey/da waren sie widerumb gesteckt/giengen etliche tag zů rath/sie kondten vnd mochten aber nit darauß oder zů der außlegung komen/sagten gemeinglich zů dẽ jungen rathsherren/der jnen vorhin durch seins vat ters rath geholffen/das er auch hierinn rath suchet / wie dem König wider zů schreiben were / vnd was die vier bůchstaben bedeuten / sie wölten jm ein wenig gedächtnuß machen / vnnd darzů grosse geschencke thůn. Der jung rathsherr was betrübt / das jm die handlung vnd das heyl der gantzen Stadt Rom/ allein auffgelegt was/hett doch ein gůte hoffnung zů seinem Vatter. Als er nůn heym kam / verzoge er nicht lang/ gieng zů seinem Vatter / hielt jhm solches für/der sagt gleich. Die vier bůchstaben bedeuten: Wer ist mechtiger vnserem König? dann sie heyssen: Quis Maior Rege nostro? So schreibet jr dem König widerumb in seinen brieff/ zů diesen euch vberschickten vier bůchstaben S. P. Q. R. Das heyst: Der Römisch Senat vñ das Römisch Volck/ vñ heyst in Latein: Senatus, Populusq́ Romanus. Da dem König die brieff vberantwort worden/ zohe er gleich ab/ sprechende: Nůn sihe ich wol / das die Römer noch stercker mit jrer weißheit sind / dañ ich mit meinem grossen volck vñ mechtigem zeug.

So baldt die Römer den abschied vnd nachlassung des Königs erfůren/sandten sie nach dem jungen Ratßherrn/der můßt jnen anzeygen/von wem er solche weißheit bekommen hett. Er begeret gnad. Sie ward jm zůgelassen. Da stelt er seinē Vatter in den Senat/sagt: Das Rom durch des alten Manns weißheit auff das mal erledigt worden were. Da erkañten sie gemeynlich den alten Römer wider zů jnen in den Senat / bekanten jr vngerechtigkeit / so sie an den alten Römern begangen hetten / dañ wo der alt Rathßherr allein nicht gewesen were/ vnd Rom durch sein einige weißheit erlediget worden/so were nit müglich gewesen daruor zůsein/Rom můßt sein freyheit vbergebē haben/ vñ einem frembden König vnterthänig worden. Darumb soll allzeit ein junger bey dem alten rath aufferzogen vnd gebraucht werden/auff das / wo die alten abgehn/ die jungen jhrer geübter weißheit / gebreuch/arten vñ gewonheiten als denn wol erkündiget vnd erfaren / also auch der regierung vnd Administration/ des

gemeynen

gemeynen nutz/Städt/Land vnd Leut desster stattlicher darmit zů erhalten/ heylsamlich nachfolgen mögen. Welches GOtt der Herr allen regierenden/ Fürsten/ Herren/ vnd allen andern Regenten/ zů fried/sühn/allem wolstand/ glück vnd heyl der gantzen Christenheit/zů růw vnd einigung/auch vns allen andern gnediglich verleihen vnd geben wölle/ Amen.

Regi-

Register diser Fabulen vnd Historien der Gartengesell- schafft kurtz zů finden.

Von

Ein

 doch

Register.

Ende des Registers.

www.ingramcontent.com/pod-product-compliance
Lightning Source LLC
Chambersburg PA
CBHW031400270326
41929CB00010BA/1256

* 9 7 8 3 3 3 7 2 1 5 9 3 4 *